EUGÈNE SUË.

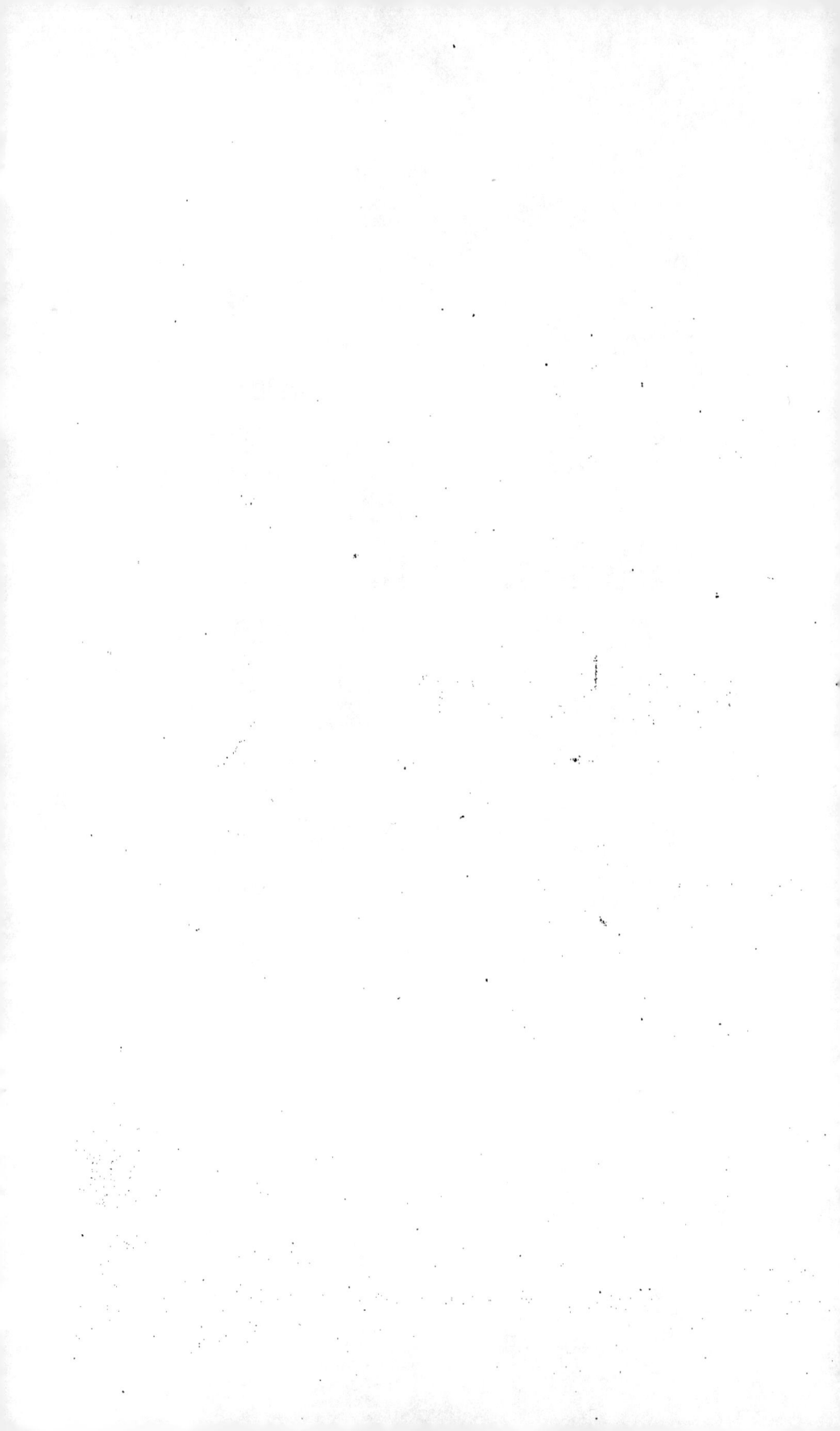

EUGÈNE SUË

PHOTOGRAPHIÉ PAR LUI-MÊME.

FRAGMENTS DE CORRESPONDANCE

NON INTERROMPUE

DE 1853 AU 1er AOUT 1857,

avant-veille de sa mort.

PRÉCÉDÉS DE

DÉTAILS SUR SA VIE ET SES ŒUVRES

PUBLIÉS

Par Madame MARIE de SOLMS

née Bonaparte-Wyse.

GENÈVE,

IMPRIMERIE C.-L. SABOT, RIVE, 10.

1858

EUGÈNE SUË.

AVANT-PROPOS.

Eugène Suë n'est plus. La mort semble s'attaquer aux plus hauts et aux meilleurs. Que de grands cortéges il nous a fallu suivre depuis quelques années ! Quelles grandes ombres il nous a fallu honorer, quand nous aurions tant aimé à saluer longtemps encore les vivans de notre admiration ! Armand Marrast, Arago,

Dupont (de l'Eure), David d'Angers, Lamennais, Béranger, et après eux Eugène Suë. Douloureux hécatombe de science, de talents, de vertus, de patriotisme? La plupart de ces hommes avaient tellement le respect de tous, ils étaient si populaires, qu'on ne se souvenait point de ne pas les avoir connus, et qu'ils paraissaient devoir toujours vivre. Nous sommes aujourd'hui en présence du regret qu'ils laissent, nous demandant s'ils seront remplacés et qui les remplacera.

La démocratie est vraiment bien éprouvée. Tandis que l'exil, ce trépas temporaire, retient les uns, les autres tombent pour ne plus laisser que de patriotiques enseignements et de beaux souvenirs. Et nous n'avons nommé que les chefs. Combien de généreux capitaines, de braves soldats dont la tombe se couvre déjà d'oubli ! Quand nous ouvrons le nécrologe de nos amis illustres ou obscurs, il nous effraie : il contient presque une page funéraire par journée.

Eugène Suë est mort à Annecy, sur la terre étrangère, à deux pas de moi, dans les bras du colonel Charras, un autre proscrit comme lui; il est mort fidèle aux principes démocratiques, pour lesquels il avait échangé une vie heureuse en France contre les douleurs de la proscription.

La cause physique de la mort du grand romancier est ce que les médecins appellent une hémiplégie, ou paralysie du cœur; mais la cause réelle est toute morale, il la prévoyait comme on le verra dans quelques-unes des lettres que je livre aujourd'hui aux sympathies de ses amis : c'est le mal du pays qui l'a tué ! ce mal qui exerce ses ravages dans tous les climats et sous toutes les latitudes, et que la vue seule du sol natal, que les brises salutaires de la patrie peuvent seules guérir. Sa mort est un nouveau meurtre dont nous assumons sur la tête de qui de droit la responsabilité !

Faut-il, en présence de tant de deuil, désespérer, comme font quelques-uns? Faut-il dire que la démocratie succombe parce que nos chefs et nos amis s'en vont? Non. La France est une de ces terres inépuisables qui défient la mort. Après Racine, Corneille et Voltaire, on proclamait comme éteinte la race de nos poëtes; elle se réveilla dans Châteaubriand, Béranger, Hugo et Lamartine. Après la chute de la Révolution, on s'écria qu'il n'y aurait plus de grands orateurs, et que la race des patriotes de 1789 était à jamais anéantie ; les grands orateurs reparurent en 1825 et en 1830, et une démocratie nouvelle surgit avec de nouveaux noms. A la chute de l'Empire, on affirma qu'il n'y aurait plus de généraux ; l'Afrique et la Crimée ont démenti cette prophétie, et d'autres occasions lui donneront peut-être un démenti plus éclatant encore.

Ayons donc moins de défiance de notre pays. Honorons nos deuils, mais sans faiblesse et sans désespoir. Et d'abord, sont-ce bien des morts que nous pleurons ? Est-ce qu'ils ne vivent pas encore dans leurs livres ? Est-ce que leur pensée ne combat pas toujours pour nous et avec nous ? Ah ! plutôt que de désespérer en les voyant mourir, il faut les remercier d'avoir si bien vécu et de nous avoir laissé de si courageuses traditions !

L'épuisement qui a stérilisé tant de vieux partis n'est pas à craindre pour la démocratie. Il est de sa nature d'être perpétuellement jeune, parce qu'elle est perpétuellement renouvelée. Elle ne s'arrête pas à un progrès : elle est toujours en marche vers le progrès absolu, et le degré qu'elle atteint n'est considéré par elle que comme un moyen d'atteindre plus haut encore. Il ne lui est pas donné de se repaître de sa propre histoire et de s'immobiliser dans des souvenirs.

Chacun de nous a sa tâche mesurée à ses forces.

« Si tu n'es pas le héros qu'était ton père, dit Ossian, si tu n'as pas les triomphes du combat, aie du moins les vertus qui sont possibles à tous les hommes et les triomphes qui sont donnés à tous les courages ; sois du moins le héros que ta taille permet. »

Puisque la vie de ceux qui furent nos chefs et qui défendaient nos principes et nos doctrines doit nous être un enseignement et un encouragement à persévérer dans la droite voie, c'est un devoir sacré pour nous de raconter cette vie et de lui donner toute la publicité possible. A nous donc qui l'avons connu et aimé, qui nous enorgueillissons d'avoir été sa plus chère et sa meilleure affection, à nous qui le pleurons à tant de titres, de raconter la vie d'Eugène Suë, cette vie joyeuse, agitée, puis grave et réfléchie, mais toujours loyale et laborieuse, cette insouciance qui fait place peu à peu à de fortes convictions, ces orages, ces

luttes, cette jeunesse folle et ce sombre âge
mûr; à nous de montrer l'homme comme il fut
aux différentes périodes de sa vie. C'est en vérité une tâche étrange qui nous semble dé-
volue, mais nous la remplirons avec autant de
conscience que de tristesse.

Et d'abord, avant de commencer cette singulière biographie, disculpons Eugène Suë
d'une accusation qui lui a été bien souvent
lancée à la face. On a dit qu'il n'était pas de
bonne foi et que ses convictions démocratiques
n'étaient qu'une comédie; on l'a accusé de
battre monnaie avec le mensonge et de déchaî-
ner les passions avides uniquement pour gagner de l'or, sans avoir le moindre souci des
maux qu'il causait. Et je me sers ici des ex-
pressions les plus douces employées par la
presse réactionnaire au sujet de l'écrivain illustre dont nous déplorons la perte.

Qu'est-ce que cette accusation de mauvaise
foi intentée à Eugène Suë? Comment se ré-
sume-t-elle? Il a rompu avec les croyances et
les traditions qui ont bercé son enfance; arrivé
à l'âge de la réflexion, mûri par l'expérience
des hommes et des choses, il a reconnu l'erreur et s'est tourné vers la vérité. Tout homme

qui agit ainsi sans calcul, sans intérêt, sans arrière-pensée, est un honnête homme et un homme de cœur. Les convictions ne sont suspectes et blâmables que lorsqu'elles sont profitables. Qui oserait élever cette accusation contre Suë? Non seulement sa conviction ne lui apportait aucun bénéfice, mais elle lui enlevait toutes les douceurs matérielles auxquelles il était accoutumé, toutes les habitudes de sa vie élégante, toutes les distinctions mondaines qui pouvaient flatter sa vanité ; elle lui fermait les salons aristocratiques, le ruinait et le condamnait à l'exil. Riche, heureux, recherché, il n'eût tenu qu'à lui de mener, au sein du luxe et des plaisirs, une vie égoïste ; les lettres ne pleureraient pas sa perte aujourd'hui. Il a préféré lutter ; il a succombé à la tâche ; gloire à lui ! Il a, au surplus, répondu à ce reproche lui-même dans une *Page de l'Histoire de mes livres*. Laissons-le parler.

« Il m'a paru d'un salutaire enseignement
» de démontrer par son propre exemple une
» nouvelle preuve de cette singulière et pro-
» gressive évolution de l'âme et de la pensée,
» grâce à laquelle, cédant à l'unique et irré-
» sistible attraction du juste, du bien, du vrai,

» l'on peut parcourir l'immense distance qui
» sépare deux pôles radicalement opposés; en
» d'autres termes, comment, appartenant à
» l'opinion légitimiste et catholique en 1830,
» j'ai eu l'honneur insigne en 1850 d'être le
» candidat du conclave républicain-socialiste;
» candidature précédemment déclinée par moi
» parce que je ne me sentais pas à la hauteur
» de cet imposant mandat, et ratifiée par la
» majorité de mes concitoyens de Paris, qui
» m'ont nommé représentant du peuple à l'As-
» semblée nationale. Cette nomination sera la
» gloire éternelle de ma carrière littéraire. A
» cette gloire, la proscription a ajouté un der-
» nier fleuron.

    » Ainsi, en 1830, partisan convaincu de la
» théocratie catholique et de la royauté légi-
» time..., homme de plaisir et l'un des fonda-
» teurs du Jockey-Club (je cite ce fait comme
» caractéristique), j'écrivais la *Vigie de Koat-*
» *ven*, et j'en suis venu, depuis dix à douze
» ans, à concentrer ma vie, mes goûts, dans la
» retraite, le travail, la pratique sincère de la
» foi républicaine et du rationalisme, et j'a-
» chève les *Mystères du peuple.*

    » Je puis, le front haut, la conscience se-

» reine, dévoiler les causes, en apparence si
» contradictoires, qui m'ont ainsi transformé,
» me guidant pas à pas de l'erreur vers la vé-
» rité. Jamais je n'ai rien sollicité, rien obtenu
» des divers gouvernements de la France, et
» pendant sept ans, soit dans l'armée de mer,
» soit dans l'armée de terre, j'ai acquitté, pres-
» que toujours en temps de guerre, la dette
» que m'imposait le service militaire de mon
» pays. J'ai reçu, unique faveur, la croix de la
» Légion d'honneur il y a quinze ans, grâce à
» la bienveillante et courtoise initiative de M.
» de Salvandy, alors ministre de l'instruction
» publique.

» Ma régénération au point de vue politique
» et social, complètement désintéressée, a
» donc été amenée, je le répète, par la seule et
» irrésistible attraction du juste, du bien, du
» vrai, selon que je le prouverai quelque jour
» par ce que j'oserai nommer l'*Histoire de*
» *mes livres*, exposé sincère de l'action exer-
» cée sur mon esprit par l'éducation, par les
» traditions de famille, par mes goûts, par les
» événements politiques, par diverses influen-
» ces personnelles, par celle même des en-
» droits où j'écrivais, par le profond contraste

» des divers milieux sociaux où j'ai vécu, par
» la nature de mes études, par mes propres ré-
» flexions, par mon expérience croissante des
» hommes et des choses, enfin, surtout, par les
» résultats inattendus, inespérés de plusieurs
» de mes œuvres, résultats qui m'ont affermi
» dans une voie où j'étais d'abord entré plus
» par l'instinct, par l'impulsion du cœur, que
» par le raisonnement.

» Il me semble donc, abstraction faite de ce
» qui m'est particulier, qu'il peut y avoir un
» certain intérêt à suivre la marche ascension-
» nelle d'un esprit honnête, d'abord abusé,
» mais loyalement abusé, qui s'élève laborieu-
» sement, péniblement vers la vérité éternelle,
» et trouve dans la conscience de cette vérité
» la satisfaction austère que nous donne la cer-
» titude de marcher dans le droit chemin et
» d'accomplir un grand devoir. »

Et maintenant je raconte. — Je voudrais
qu'une plume plus exercée que la mienne s'ac-
quittât de ce pieux devoir, mais là où le talent
d'écrire et l'expérience du style feront défaut,
le **cœur** suppléera abondamment.

I

Marie-Joseph-Eugène Suë naquit à Paris le 1ᵉʳ janvier 1803. Sa famille était originaire de Provence. Pierre Suë, son bisaïeul, professeur de médecine légale et bibliothécaire de la ville de Paris, laissa quelques ouvrages estimés et mourut pauvre. Son grand-père, plus heureux, amassa une belle fortune. Outre les fonctions de professeur à l'Ecole de médecine, il cumula celles de chirurgien à l'Hospice de charité, de professeur à l'Ecole des beaux-arts et de chirurgien de la maison de Louis XVI. Jean-Joseph Suë, père d'Eugène, hérita de la chaire d'anatomie, fut nommé par Napoléon chirurgien de la garde impériale, et sut gagner, plus tard, les bonnes grâces de Louis XVIII, qui l'attacha, vers 1817, à sa maison militaire.

Jean-Joseph fut marié trois fois ; sa première union lui donna une fille, qui épousa depuis M. Caillard, directeur des messageries, et

presque aussitôt après la naissance de cet
enfant, le docteur Suë usa de la loi du divorce
pour former d'autres nœuds. Dans le caractère
de l'épouse délaissée, M. Legouvé, auteur du
Mérite des Femmes, trouva sans doute quelque chose du sujet de son livre, car il la prit
immédiatement pour compagne et en eut un
fils qui lui a succédé depuis dans la carrière
des lettres.

Ernest Legouvé, l'académicien, l'un des
hommes les plus justement considérés de notre
temps par l'honorabilité de son caractère, est le
frère utérin de la sœur aînée d'Eugène Suë, et
il a toujours été un des amis les plus fidèles du
romancier.

La seconde femme de Jean-Joseph lui donna
Eugène Suë, puis elle mourut au bout de deux
ans de mariage, le laissant libre de convoler à
de troisièmes noces qui le rendirent père d'une
autre fille.

Le père d'Eugène, dans le cours de sa
carrière médicale, eut autant de bonheur que
de mérite. Il fut le médecin de Masséna, de
plusieurs maréchaux de l'Empire, et de madame
de Beauharnais, qui lui conserva sa confiance
lorsqu'elle devint madame Bonaparte et même

quand elle s'assit aux côtés de Napoléon sur le trône impérial. L'impératrice Joséphine et le prince Eugène de Beauharnais, son fils, voulurent tenir sur les fonts de baptême le futur auteur des *Mystères de Paris* et du *Juif-Errant*. C'est vers cette époque que le docteur Suë s'avisa de soutenir une thèse étrange qui lui valut même, par sa bizarrerie, une grande popularité. Il prétendit que les guillotinés, après la décapitation, éprouvaient d'atroces souffrances, et il défendit son opinion par des arguments anatomiques et par des exemples. Cabanis et d'autres médecins habiles eurent beau insister sur l'impossibilité du fait, l'opinion accréditée par le père d'Eugène l'emporta sur leur logique, sinon chez les hommes de science, du moins chez les hommes sensibles.

Eugène Suë fut nourri par une chèvre et conserva longtemps les allures brusques et sautillantes de sa nourrice. Il fit, ou plutôt il ne fit pas ses études au Collége Bourbon. Car, ainsi que tous les hommes qui doivent conquérir dans les lettres une position éminente, l'héritier du docteur fut un très-mauvais écolier. Son plus cher camarade de classe était Adolphe Adam.

Les deux amis paresseux imaginaient une infinité de tours pendables. Au lieu de préparer leurs devoirs, ils élevaient des cochons d'Inde et lâchaient ces animaux rongeurs dans le jardin botanique, où ils exerçaient d'affreux dégâts.

Or, les familles de nos espiègles, voulant les forcer au travail, s'entendirent pour le choix d'un répétiteur fort instruit, mais très pauvre, qui, à peine installé, trembla de perdre une place lucrative et se soumit à toutes les exigences de ses élèves. Ceux-ci, naturellement, abusèrent de sa position et continuèrent à ne rien faire. Enfin il fut démontré au père Suë que son fils perdait complétement son temps. Il le retira du collége et le fit entrer comme chirurgien sous-aide à l'hôpital de la maison du roi, dont il était chirurgien en chef. Eugène Suë y retrouva son cousin Ferdinand Langlé et le futur docteur Véron. En pareille compagnie les études médicales marchèrent très-peu.

Le joyeux triumvirat se donne pourtant des rendez-vous très-assidus au cabinet du père d'Eugène. Est-ce pour travailler ou pour examiner le crâne de Mirabeau, que M. Suë conserve précieusement dans un bocal? Non certes, il s'agit de rendre visite à certaine armoire pleine

de vins exquis donnés, en 1815, au docteur
par les souverains coalisés auxquels il a eu
l'honneur de tâter le pouls.

Là se trouve du Tokay de premier choix,
cadeau de l'empereur d'Autriche, et du vin du
Rhin, don généreux du roi de Prusse. N'ou-
blions pas soixante bouteilles de Johannisberg, expédiées par le prince de Metternich,
en reconnaissance d'un rhume adouci à propos
le jour même d'une conférence diplomatique,
non plus que cent flacons d'Alicante âgés de
plus d'un siècle, présent d'une illustre accou-
chée.

Eugène a découvert la clef de cette biblio-
thèque d'un nouveau genre, dont ses amis,
chaque soir, viennent l'aider à étudier le contenu. Mais il s'agit de faire disparaître les
flacons vidés. — Mauvais moyen, dit Véron,
les bouteilles absentes vont nous trahir. — On
est frappé de la justesse de la remarque, et les
buveurs prennent soin de ne plus les vider qu'à
moitié, pour les remettre, l'instant d'après, en
place absolument pleines, grâce à un affreux
mélange de réglisse et de caramel, composition
chimique de leur invention.

Ici un scrupule nous arrête : Nous craignon

qu'on ne nous reproche la gaîté qui s'étendra
sur cette première phase de la vie de l'ami que
nous pleurons ; mais à cette enfance folle
et dissipée, à cette adolescence insouciante et
joyeuse, succédera une maturité recueillie et
éprouvée ; les roses moissonnées, les épines se
tresseront en couronne sur le front du philosophe socialiste. Jouissons donc sans remords
de ce rayon de soleil qui dore les premières
années d'Eugène Suë ; c'est la part de bonheur
à laquelle toute jeunesse qui n'est point maudite du Seigneur a droit ; c'est l'aurore brillante
d'une existence qui sera tourmentée par bien
des orages ! Aussi abandonnons-nous sans
regret à la sérénité du présent ; la fin de la vie
sera assez triste, assez sombre, assez morne;
assez de larmes expieront ces courtes joies ?

Quand le docteur Suë donnait un grand
dîner, jamais il ne manquait d'apporter sur la
table une des fameuses bouteilles. Il ne la débou-
chait pas, comme bien on se l'imagine, sans
avoir expliqué, dans un récit pompeux à ses
convives, la manière dont ce vin délectable lui
était venu. La narration faite, il versait.

Chacun portait le liquide à ses lèvres avec
une confiance aussitôt suivie d'une grimace

unanime. Puis, le docteur goûtant à son tour, et ne pouvant démentir ses éloges, disait, après avoir absorbé la rasade : — Délicieux... mais je crois qu'il est temps de le boire. » — A côté de lui, le coupable Eugène avalait sans sourciller son châtiment, consolé par la pensée de retrouver le lendemain de l'Alicante pur ou du Johannisberg moins odieusement frelaté.

Ce criminel manége eut une fin. Le docteur, entrant un jour dans son cabinet à l'improviste, trouva son fils et ses amis occupés à remplir les bouteilles. Oh! ce fut une scène terrible! Le médecin des rois de l'Europe n'était pas homme à pardonner cet attentat contre la précieuse armoire. Le même jour, ô comble de scandale ! il apprend que son fils a des dettes et qu'il recourt à des emprunts usuraires. Dans son indignation, il le contraint à s'éloigner.

Eugène Suë se dirige vers l'Espagne avec le corps expéditionnaire envoyé au secours de Ferdinand VII. Il fait partie, comme sous-aide, du personnel médical des ambulances ; puis il est attaché à l'état-major du duc d'Angoulême. Il assiste en cette qualité au siége de Cadix, à la prise du Trocadéro, à celle de Tarifa, repasse la frontière et rentre à Paris vers le milieu de 1824.

Son père lui fait accueil, on tue le veau gras. Mais la joie du bon docteur n'alla point jusqu'à lui faire desserrer les cordons de son escarcelle. Avec ses honoraires de sous-aide, qui montent à douze cents francs, il est impossible qu'Eugène vive décemment à Paris. Véron et Ferdinand Langlé, ses joyeux camarades, ont la poche autrement opulente que la sienne. Ils se sont adjoint un nouvel ami très-riche et très-vaudevilliste, appelé de Forges ; tous mènent joyeuse vie. Il fallut donc se procurer de l'argent à tout prix. Nouvelles lettres de change, nouvelle colère du docteur, et nouveau départ du jeune Suë pour Toulon.

Eugène partit en compagnie de son ami de Forges ; les deux camarades y restèrent ensemble jusque vers la fin de 1825, menant une existence fort agréable avec les débris de leur splendeur parisienne. A cette époque, ils se séparèrent : de Forges partit pour Bordeaux et Eugène Suë revint à Paris. Il y trouva un cercle littéraire autour duquel s'étaient ralliés tous les anciens hôtes de la rue des Remparts. C'était le journal *La Nouveauté*, fondé par Ferdinand Langlé. Il se mêla à cette coterie artistique, et publia dans cette feuille une série de

quatre articles, intitulée l'*Homme mouche.*
Ce sont les premières lignes sorties de la plume
de l'auteur de *Mathilde* et des *Mystères de
Paris* qui aient été imprimées. Elles parurent
dans le numéro du lundi 27 janvier 1826.

Le séjour d'Eugène Suë à Paris ne fut pas
très-long ; on comprend que la *Nouveauté* ne
payait point ses rédacteurs au poids de l'or ;
d'un autre côté, le docteur Suë restait inflexible ; après avoir acquitté les premières lettres
de change de son fils, il avait déclaré formellement qu'il ne paierait plus un centime. Force
fut donc à notre héros, chez lequel cette demi-
vertu qu'on appelle l'économie n'avait pas fait
de rapides progrès, de recourir à de nouvelles
opérations commerciales, et les folles dépenses
revinrent avec tant de scandale qu'ordre fut
donné au jeune homme de quitter encore une
fois Paris.

Eugène passe dans la marine, s'embarque et
fait le tour du monde. Il visite l'Asie, l'Inde,
toutes les Amériques, stationne aux Antilles et
revient à Brest. De là *Atar Gull,* de là l'expli-
cation de ces magnifiques paysages qui semblent entrevus dans un pays de fées à travers
les prestiges du théâtre. — Après deux mois de

séjour à Brest, la guerre éclate entre la Grèce et la Russie, et le *Breslau,* vaisseau sur lequel est embarqué Suë, fait voile pour l'Egypte. Vingt et un jours après, Eugène entend gronder le canon de Navarin.

Pendant que les flottes combinées de France, d'Angleterre et de Russie sont aux prises avec la flotte turco-égyptienne, notre romancier saisit avec empressement l'occasion qui lui est offerte de voir un combat naval et d'en étudier tous les épisodes. Debout sur le pont, inattentif à la mitraille qui siffle à ses oreilles, il écoute le tonnerre de trois mille canons et assiste à toutes les péripéties de l'action qu'il nous racontera plus tard avec ce génie descriptif qui caractérise ses œuvres.

De retour en France, Eugène Suë y recueille la succession de son aïeul maternel, et touche à peu près quatre-vingt mille francs. C'était une fortune inépuisable, aussi le jeune poëte s'empressa-t-il de donner sa démission. De ce moment date pour lui cette existence luxueuse qui a servi de thème à tant de fables absurdes, à tant de calomnies aussi odieuses que ridicules. A cette époque, bien qu'il ait fait jouer avec de Forges un vaudeville intitulé *Mon-*

sieur le marquis, et qu'il ait fait paraître dans la *Mode* la nouvelle de *Plick et Plock*, son premier roman, sa vocation littéraire n'est point encore bien prononcée. Dégagé par l'héritage de son grandpère de toute préoccupation pécuniaire, il s'abandonne aux goûts artistiques qui dominèrent toujours chez lui, et entre comme élève dans l'atelier de Gudin, le peintre de marine.

Eugène Suë resta chez Gudin jusqu'à la campagne d'Alger; Gudin partit alors pour l'Afrique, les deux amis se trouvèrent séparés, et l'apprenti peintre revint à la littérature. Il fit jouer vers cette époque, avec la collaboration de de Forges, le *Fils de l'homme* et le *Secret d'État*, puis il publia, de 1831 à 1833, une série de romans maritimes qui obtinrent un très-grand succès et le placèrent bruyamment au premier rang des littérateurs modernes. *Atar Gull*, la *Salamandre*, la *Coucaratcha* et la *Vigie de Koatven* sont les principaux de ces livres. Le genre maritime était encore neuf dans la littérature moderne, et l'on s'écria partout qu'un Cooper français venait de naître.

Sur ces entrefaites, le docteur Suë mourut, laissant à peu près trente à quarante mille francs de rente à son héritier. Eugène continua ses travaux littéraires. — En 1834, il fit paraître les premières livraisons de son *Histoire de la marine française*, son plus faible ouvrage. Son libraire ne put pas l'achever ; aussi, avec la délicatesse qu'il apportait en toutes choses, au premier mot de plainte de Michel Lévy, son éditeur, s'empressa-t-il de le dédommager en lui accordant le droit de publication gratuit d'un nouveau roman. Il publia également vers cette époque une série de romans historiques parmi lesquels nous citerons *Jean Cavalier*, le *Morne au diable*, *Deleytar*, le marquis de *Létorières*, puis quelques nouvelles : *Hercule Hardy*, le *Colonel Surville*, le *Commandeur de Malte*, *Paula Monti*, etc.

Sept ou huit ans s'écoulèrent pendant le cours de ces diverses publications. Durant ce temps, Eugène Suë mangeait royalement sa fortune : Il avait une charmante maison rue de la Pépinière, encombrée de merveilles artistiques ; il avait trois domestiques, trois chevaux, trois voitures, tout cela tenu à l'anglaise ; il avait une argenterie que l'on estimait cent mille francs, il donnait d'excellents dîners et se passait enfin tous ses caprices. La ruine arriva rapide et complète, ce fut un coup de foudre pour Eugène Suë.

C'est ici le moment d'aborder cette accusation de sybaritisme que les ennemis de l'auteur des *Mystères de Paris* ont continuellement sur les lèvres. Il est vrai, lancé, dès sa plus tendre enfance, dans un milieu riche et élégant, doué par Dieu d'une de ces organisations artistiques qui n'ont que des goûts raffinés, Eugène Suë fut habitué dès ses premières années à tout le confort de la vie matérielle, par instinct, tout naturellement, en se laissant aller au courant du monde au sein duquel il vivait, à regarder toutes les superfluités du luxe, toutes les recherches du faste comme des conditions indispensables de l'existence ; plus tard, ses travaux littéraires ne firent que développer cette tendance originelle, et, comme tous les hommes maîtres fort jeunes d'une belle fortune, il se crut, à la mort de son père, possesseur d'un trésor inépuisable, et il se laissa emporter en aveugle par le tourbillon du plaisir doré que Paris fait naître sous les pas des fils de famille. Doué d'ailleurs d'une imagination de flamme et d'une sensibilité exquise, il jouit de tous les succès, il goûta de toutes les joies, et s'enivra de toutes les voluptés ; semant, à pleines mains, l'or, dont il croyait avoir une mine intarissable, et se justifiant à lui-même cette vie insoucieuse et échevelée par le bien qu'il faisait et les bienfaits qu'il répandait sur son chemin.

— Je le demande, en le déplorant, y a-t-il beaucoup d'hommes placés dans une position semblable, entourés ainsi que lui de toutes les séductions, en proie à la double ivresse des succès littéraires et des triomphes du monde, qui n'eussent pas suivi la même route que lui ?

Il habitait, dans les hauteurs du faubourg St-Honoré, une petite maison tapissée de lianes et de plantes grimpantes formant une voûte fleurie au-dessus du péristyle ; son jardin était amoureusement arrangé, frais et parfumé, un jet-d'eau y murmurait au milieu de roches et de joncs ; une longue galerie fermée, tapissée de sculptures et de fleurs, conduisait de la maison à une petite porte extérieure toute dérobée sous un rocher artificiel. Le logement se composait de très-petites pièces, un peu étouffées, tenues obscures par les lianes et les plantes pendantes aux fenêtres. L'ameublement était rouge, à clous d'or ; la chambre à coucher, seule, plus claire et bleuâtre ; les meubles, très-nombreux, s'entassaient non sans confusion entre d'épaisses tentures. Il y avait là un peu de tous les styles : gothique, renaissance, fantaisie française. Les murailles étaient cachées par les objets d'art, bahuts, curiosités diverses, peintures et sculptures, portraits de famille, œuvres magistrales, œuvres des artistes modernes, ses amis. Des vases précieux couvraient les consoles ; des noms glorieux brillaient de toutes parts : Delacroix, Gudin, Isabey, Vernet, et dans un cadre on voyait un dessin de madame de Lamartine, et des vers de l'illustre poëte. Un tableau occupait une place privilégiée, placé sur un chevalet, au milieu des coquetteries du salon ; c'était un anachorète d'Isabey, d'un effet terrible, contraste remarquable dans ce petit temple de la volupté. De tout cela sortait un parfum doux où se distinguait la saine odeur du cuir de Russie. Les chevaux et les chiens que Suë avait préférés, peints par lui-même ou par Alfred de Dreux, tenaient compagnie à celui qui les avait caressés et se recommandaient au souvenir amical. Dans le vestibule, au milieu de l'attirail et des trophées de la chasse, un loup et un oiseau de proie apprivoisés et aimés autrefois revivaient empaillés dans la demeure

du maître; au bout du jardin, étaient logés avec
soin deux magnifiques lévriers, présent de lord
Chesterfield. De beaux faisans dorés et des
ramiers se promenaient librement sur le gazon
du jardin, et venaient chaque soir se coucher
sur les jardinières des fenêtres et sous le per-
ron, gardiens ailés du seuil, élégants et doux
amis de la maison.

En parcourant cette demeure, on devinait
bien des traits du caractère de son propriétaire:
la passion du luxe et des plaisirs bruyants avec
des retours vers la retraite et la méditation, le
goût éclairé des beaux-arts, l'attrait pour les
obscurités raffinées, l'amour des animaux et
des plantes; cette double vie dont vécut le
romancier y était écrite sur chaque meuble, se
traduisait dans chaque détail.

La nouvelle de sa ruine anéantit Eugène Suë,
et cette catastrophe inattendue le jeta pendant
quelques jours dans une prostration complète;
puis avec les revers de la fortune arriva, le
sombre cortége des désillusions et des désen-
chantements: presque tous les amis des jours de
richesse disparurent ; les compagnons de plaisirs s'envolèrent bien loin, les affections en les-
quelles il croyait le plus firent défaut au roman-

cier. Les cœurs dans l'amour desquels il espérait pouvoir se retremper et se consoler lui refu-
sèrent les compensations auxquelles il était en
droit de prétendre. Oh, ce fut un réveil cruel!
et de ce jour date la transformation qui s'opéra
dans les idées et les habitudes d'Eugène Suë,
transformation qui déteignit dans ses nouvelles
œuvres et leur donna cette portée philosophique et sociale qui assure à jamais leur immor-
talité. Il avait à cette époque trente-six à trente-
huit ans à peu près ; la douleur le mûrit bien
vite, le jeune viveur se fit homme et penseur.

Conseillé par quelques amis restés fidèles à
sa mauvaise fortune, il se retira à la campagne (¹) et chercha dans un travail immodéré
des distractions contre ses douloureuses préoccupations. Trois mois après, il publia le roman
d'*Arthur*, où sous le masque de son person-
nage principal il s'est peint lui-même, avec ses
instincts de tendresse, de confiance, d'amour et
de désœuvrement sans cesse contrariés par une
défiance incurable ou flétris dans leur germe
par une connaissance précoce et fatale des

(1) On trouvera dans les lettres publiées à la fin de
ce volume quelques détails curieux et tristes sur son
séjour en Sologne, où il écrivit *Arthur*.

plaies morales de l'espèce humaine ; où, sous les
traits de son héros, il a mis à nu son esprit souvent accablé, inquiet, chagrin, analytique, mais
d'autres fois vif, ironique et brillant, sa susceptibilité à la fois si irritable et si ombra-
geuse.

Au roman d'*Arthur* succéda celui de *Mathilde*, encore une des œuvres magistrales
d'Eugène Suë, qui obtint partout le succès
qu'elle méritait. Puis, toujours conseillé par
les amis qui l'avaient soutenu et encouragé de
leur amitié au moment douloureux des revers,
il se mit à étudier les misères du peuple, et le
résultat de ses études, les *Mystères de Paris*,
furent publiés dans le *Journal des Débats*.
Ce livre immense eut un retentissement gigan-
tesque : le peuple y jouait un grand rôle, l'amé-
lioration des classes inférieures était repré-
sentée dans la personne du Chourineur ; Morel
le lapidaire était un beau type de vertu, les
misères, qui torturent les dernières couches
de la société parisienne y étaient décrites d'une
façon poignante. Le succès fut universel, et,
chose étrange, se répandit surtout dans les
classes supérieures. — Tous les jours, Eugène
Suë recevait de quelques mains invisibles des

sommes considérables avec des lettres d'envoi où on le priait d'employer au soulagement des misères, qu'il avait dévoilées, ces mystérieuses aumônes.

Eugène Suë comprit alors la colossale portée de son livre; il se mit à aimer le peuple et il apporta dans cet amour toute la vivacité de sentiment, toute l'ardeur de dévouement qui débordaient en lui ; puis, éclairé par un article du journal phalanstérien, la *Démocratie Pacifique,* qui le présentait à ses lecteurs comme un grand philosophe socialiste, il vit la nouvelle voie qui lui était ouverte, il vit que c'était la voie des hommes de bien et des cœurs généreux, il s'y engagea alors avec enthousiasme, et la démocratie compta un nouveau défenseur de ses doctrines.

Après les *Mystères de Paris* vient le *Juif errant,* qui parut dans le *Constitutionnel* et dont le succès fut également énorme. Saisis d'admiration à la lecture de ce livre, les libéraux belges frappèrent une médaille en l'honneur d'Eugène Suë, et le chiffre de la souscription ayant en quelques jours excédé le prix de la médaille, on employa le surplus à imprimer une magnifique édition du *Juif errant* qui fut distribuée gratis au peuple des campagnes belges, exemple remarquable de prosélytisme qu'on ne saurait trop louer (1).

Dans l'intervalle de ces deux publications, Eugène Suë avait fait jouer au Théâtre français la *Prétendante*, comédie en trois actes, et deux drames, les *Pontons* et le *Prince noir*, au théâtre de la Gaîté, en collaboration avec Dimaux; il avait aussi fait paraître un roman plein d'intérêt, *Thérèse Dunoyer*.

A cette époque, il habitait le château des Bordes, espèce de grange attenant à une propriété de son beau-frère, M. Caillard, et il réussit, à force de goût, à faire de cette masure un séjour charmant; j'ai, peint par lui, un délicieux paysage de cette féérique solitude.

Il y menait la vie la plus calme, la plus reposée et la plus uniforme, répandant autour de lui des bienfaits de toutes sortes. Aussi était-il généralement adoré aux Bordes.

C'est là que vint le surprendre la révolution de 1848. Peu soucieux des honneurs et des préoccupations politiques, il conti-

(1) Chose étrange, les mêmes gens qui frappèrent une médaille pour le romancier viennent de refuser de souscrire à son monument!!

nuait ses travaux littéraires lorsqu'en 1850
les suffrages des électeurs de la Seine l'appelè-
rent à la représentation nationale. Il accepta
ce mandat qu'il n'avait pas sollicité, mais en
voyant la pente fatale et rétrograde que suivait
la révolution, il comprit l'inutilité des efforts
qu'il pourrait faire pour la mettre dans sa
véritable voie, et il se retrancha dans une inac-
tion complète. Aussi les sarcasmes de ses col-
lègues, qui ne comprenaient point toute la sa-
gesse de ce silence, ne lui firent-ils point défaut.
C'était chaque jour des plaisanteries nouvelles.

— M. Eugène Suë, disait-on, a perdu la
parole, celui qui la retrouvera est prié de la
rapporter à la questure de la chambre.

— M. Eugène Suë compte habiter pendant
l'été le château de la Muette.

— On conseille à M. Eugène Suë d'étudier
la grammaire, la grammaire est l'art de parler... etc.

Au milieu de ce feu roulant il restait impas-
sible, il ne bronchait pas plus que le cheval de
guerre au bruit du canon, il passait son temps
à corriger les épreuves des romans qu'il envoyait
à différents journaux, et il publia dans cette
période les *Sept péchés capitaux*, l'*Institu-*

trice, la *Bonne Aventure*, *Jean Bart* et
Louis XIV (drames maritimes), *Fernand*
Duplessis, l'*Amiral Levaucher*.

Le 2 décembre 1851 arriva. L'histoire trans-
mettra aux générations futures le sombre récit
de ce coup d'Etat dont nous avons tous été les
témoins et les victimes, et nos neveux liront
avec stupéfaction les pages souillées de boue et
de sang qu'elle consacrera à la mémoire de cet
homme qui, abusant du prestige glorieux d'un
nom illustre, confisqua à son profit la liberté
d'une nation tout entière. Elle racontera, avec
quelle stupeur la France, qui s'était endormie
un soir républicaine et libre, s'éveilla le lendemain enchaînée et comprimée sous un joug de
fer; elle montrera Paris livrée à des hordes de
soldats sans discipline et sans frein, en proie à
la double ivresse de la poudre et du vin et
promenant dans les rues ensanglantées l'épou-
vante et la mort; la ville entière livrée au bri-
gandage, à l'assassinat, et les cachots regor-
geant de citoyens innocents. — Elle énumérera
ces proscriptions, qui dépassèrent celles de
Sylla, et qui atteignirent tout ce qu'il y avait de
noble, de grand et de généreux dans la nation;
des généraux bronzés par le simoun d'Afrique

et mutilés par les balles arabes envoyés en
exil, des poëtes qui n'étaient coupables d'autres crimes que d'avoir, comme Jérémie, pleuré
sur l'abaissement et la désolation de la patrie,
arrachés à leurs familles et à leurs affections
les plus chères. — Puis elle peindra ces gigan-
tesques saturnales, ces orgies balthazaréennes
qui souillèrent le palais des rois ; elle soulè-
vera, de sa main vengeresse, le voile de pourpre
qui couvrit ces débauches où les impures des
carrefours venaient prendre leur part de cette
effrayante curée. Enfin elle ôtera tous les mas-
ques qui couvrent aujourd'hui les visages ; elle
déshabillera tous ces grands qui cachent peut-
être une marque infamante sous leurs épau-
lettes, leurs cordons et leurs broderies ; elle
remontera à la source criminelle de toutes ces
gloires menteuses, de toutes ces illustrations
apocryphes, et lorsqu'elle aura mis à nu le
maître elle flagellera les valets !

Il ne nous appartient donc pas de revenir
sur des faits qui ne sont pas encore assez éloi-
gnés, pour qu'on puisse les rappeler sans le
cri de l'indignation.

Eugène Suë évita la déportation qui l'attendait en s'expatriant volontairement avant l'arrêt

qui le menaçait, Il se retira à Annecy, en Savoie, où il n'habita jamais chez M. Masset, quoique Alexandre Dumas l'ait prétendu dans sa Biographie. Il déménagea deux fois pendant son exil : il s'était fixé, en dernier lieu, dans un petit chalet qu'il avait loué pour la modique somme de 400 fr. par an ; cette modeste habitation, nommée les Barattes, était située dans une admirable position ; d'un côté la vue s'étendait sur le lac et sur la gracieuse ville d'Annecy; de l'autre côté on découvrait de hautes montagnes d'un aspect à la fois pittoresque et majestueux.

Suë avait trop de goût, et, en sa qualité de peintre, comprenait trop bien la beauté de ce paysage pour vouloir le gâter en l'ornant, il savait que là, où la nature se montre si grande et si belle, l'homme n'a qu'à s'effacer. Ainsi en dépit de ce qu'ont publié certains biographes, il n'y avait ni fleurs ni bosquets aux Barattes; la petite maison de bois s'étalait au soleil entourée d'un gazon un peu inculte, mais vigoureux et ombragé par quelques arbres poussant en toute liberté. L'intérieur était aussi simple que le dehors. On pénétrait de suite dans une salle assez grande garnie d'étagères portant des livres, c'était le cabinet de travail de Suë; le plancher était recouvert d'une natte de jonc d'Espagne, quelques divans, deux fauteuils, trois tables chargées de manuscrits, voilà tout l'ameublement. A côté, était une salle à manger, si petite que lorsque nous y étions quatre, il fallait un certain ordre pour y placer nos chaises; je me rappelle y avoir dîné une fois avec Ponsard et Flocon et nous étions très-gênés. Plus loin, une espèce de vestibule, fort petit, complétait le rez-de-chaussée. En haut, se trouvaient trois chambres, plus que modestes. Voilà le palais de l'illustre romancier auquel on reprochait son luxe de Sardanapale.

Il a décrit lui-même en vers charmants et avec une grande exactitude sa maison d'Annecy. Cette poésie interrompue par la mort, puisque il n'en a terminé que la première strophe, est extraite d'un volumineux manuscrit inédit, tout de son écriture, que je publierai peut-être un jour, qu'Eugène Suë m'a dédié sous ce titre:

PREMIERS ET DERNIERS VERS,

L'EXILÉ A L'EXILÉE.

Il disait gracieusement que c'était moi qui lui avais donné le goût des vers et appris à en faire;

cette innocente occupation, m'écrivait-il, a été une des meilleures distractions de son exil. Voici ces vers, ils font allusion à une promesse, que je lui avais faite, d'aller passer un mois chez lui cet automne lorsque sa famille y serait.

RÊVE D'AUTOMNE.

La maisonnette est blanche et ses volets sont verts,
Au pied du *Veyrier* elle est assise et plane
Sur le lac d'Annecy, dont les bords sont couverts
De noyers jaunissants ; son onde diaphane
Frais miroir transparent, refléte la beauté
D'un paysage alpestre, et ses rochers noirâtres,
Ses prés, ses grands sapins, leur sombre majesté
Puis, la lueur des feux allumés par les pâtres,
Lorsque la nuit descend sur les monts sourcilleux,
L'hôte de la maison, un proscrit solitaire,
Fit un soir qu'il rêvait... ce rêve merveilleux.
. . . .

Ce rêve, c'était ma présence, celle de tous ceux qu'il aimait dans ce pauvre mais charmant chalet.

II

Voici comment Suë employait sa journée à
Annecy : Il se levait, hiver comme été, à 6 h.
du matin, passait une robe de chambre, prenait
une tasse de café pour s'exciter au travail ; vers
dix heures, il déjeunait avec du thé et se remet-
tait à l'œuvre jusqu'à deux heures de l'après-
midi ; alors, armé d'un long bâton ferré et muni
d'une gourde pleine de kirsch, il allait dans la
montagne presque toujours seul (¹), quelquefois
avec Ravio ; il n'aimait pas à marcher sur un terrain uni, il avait besoin de grimper. N'avait-il
pas été allaité par une chèvre ? Quelquefois,
dans les journées d'hiver, il s'égarait au milieu
des neiges, retrouvait son chemin avec peine, et
rentrait harrassé à la maison ; une de ses préoccupations était la crainte de se casser une
jambe et de rester enseveli sans secours en

(¹) Voir *Une page de l'Histoire de mes livres,* où il
se trouve des détails piquants sur ledit Ravio et leurs
expéditions dans la montagne.

tombant dans quelque crevasse, aussi avait-il une espèce de corne rendant un son aigre pouvant s'entendre de très-loin ; à ce signal qu'ils connaissaient, tous les pâtres seraient accourus, car tous l'adoraient comme un bienfaiteur.

Nous parlions tout à l'heure du dévouement des pauvres gens d'Annecy pour Suë, mais ce n'était pas seulement les pâtres, ses voisins, dont il avait ainsi conquis l'affection, les ouvriers d'Aix et même de Genève cherchaient toutes les occasions de lui témoigner leur cordiale sympathie. Nous pouvons en citer une preuve bien touchante : Les ouvriers horlogers de cette dernière ville s'entendirent pour ajouter une heure de travail à leurs journées, afin de lui offrir un magnifique chronomètre. Suë était fier à bon droit de cet hommage populaire et le montrait sans cesse à ses amis avec une joie d'enfant.

Pendant l'hiver que je passai à Genève avec Suë, je pus me convaincre de la généreuse bienveillance du peuple suisse pour les proscrits, et particulièrement pour mon ami ; nous reçûmes partout, et de tous, des marques d'amitié qui nous firent souvent venir les larmes aux yeux.

J'ai éprouvé pour moi-même la constance et l'énergie de ces sympathies ardentes ; elles m'ont encouragée et enorgueillie, je leur dois une des plus grandes consolations de mon exil.

Je me souviens toujours du bal des *horlogers*, où l'association, si exclusive, nous avait fait l'honneur de nous engager, Suë et moi ; nous nous y rendîmes avec empressement. Quelle fête ! comme mon ami fut accueilli, comme il était aimé et compris de tous ! Je ne me suis jamais tant amusée de ma vie. Jusqu'alors, dans tous mes voyages, je ne m'étais certes pas repentie de mon renoncement, mais aussi je le trouvais quelquefois sans récompense. Ce jour là, en voyant dans tous les yeux, cette déférence pleine d'estime, je devinai que les louanges s'adressaient non à la femme, non à la *dame*, mais à *l'exilée*, mais à la victime, et quand Suë me dit à l'oreille : « N'est-ce pas qu'il est bon d'être persécuté en face d'une pareille démonstration ; heureux et galonnés aurions-nous pour nous tous ces braves gens ? » je m'écriai : O oui. A notre entrée, les danses s'étaient interrompues un moment ; tout le monde voulait serrer la main des proscrits étrangers ; je vis de belles jeunes filles

s'approcher en masse de Suë, et les joues rou-
gissantes, les yeux brillants de sympathie lui
demander, selon la coutume suisse, l'*honneur*
d'un quadrille ; les jeunes filles dansant toute la
soirée avec un seul cavalier, leur fiancé, quand
par hasard elles font un tour avec un autre, ce
sont elles qui invitent ; comme il était ému
et fier, ce bon Suë, comme il leur répondait
affablement et gentiment : « Mes jambes sont
trop vieilles, mais voulez-vous *causer* ces danses ? » et il bavardait gaîment, promenant de
long en large toutes ces fraîches beautés, ra-
vies d'être auprès d'un grand homme, plus
que cela, d'un brave homme. C'est qu'en
Suisse, il n'y a pas d'autres titres que le génie,
le patriotisme et la vertu, et tout le monde ne
vous jugeant que ce que vous valez, et vous
traite en conséquence, car tout le monde est
de taille à vous mesurer ; le peuple est en
Suisse ce qu'il devrait être partout ; il est instruit, éclairé, il fait partie de l'Etat ; le moindre
des ouvriers suisses a l'instruction d'un marquis français. L'éducation mise à la portée de
tous, goutée par tous, car elle est un moyen et
un but, a nivelé toutes les classes : la jeune fille
tenant boutique a l'instruction d'une sous-

maîtresse; il n'y a pas en Suisse un seul indi-
vidu ne sachant pas lire, j'en ferais le pari. Cette
soirée fut une révélation pour moi; je compris
le peuple tel qu'il est, tel qu'il doit être. En
entrant, rien ne m'avertissait que je n'étais pas
dans un salon du faubourg Saint-Germain,
la simplicité aisée des hommes, l'élégance
pleine de goût des jeunes filles dans leurs
fraîches toilettes de tulle rose, bleu et blanc,
la réserve digne des mères, faisant tapis-
serie, tout cela ressemblait au monde et au
meilleur monde. Pendant que Suë répondait
aux jeunes filles, leurs fiancés, dansaient et
causaient avec moi.

Bien souvent, dans les salons, j'ai été blessé
d'un geste de trop ou de moins, j'ai une délicatesse de sensitive, quelquefois; eh bien, dans
cette réunion populaire, il n'y a pas eu moyen
de la blesser; quelquefois j'interrompais une de
ces conversations et je disais à l'un de mes
cavaliers : Mais vous êtes médecin, peintre,
avocat, député. « Non madame, me répondait-
on presque toujours avec un fin sourire, ouvrier, fabricant d'aiguilles, de boîtes, etc. etc.
Et je restais confondue. Vous voyez bien ! me
disait Suë, qui s'apercevait de mon naïf éton-

nement, et voilà comme la France sera un jour, quand l'instruction aura pénétré dans toutes les classes ; ici, le peuple libre a réalisé toutes les espérances ; là-bas étiolé, abruti par la compression, par l'ignorance, il n'est encore qu'une espérance, il faut l'aimer pour ce qu'il sera, pour ce qu'il devrait être, et non pour ce qu'il est.

Tous ces ouvriers sont familiers avec notre littérature. J'avais auprès de moi un de mes amis que tout le monde prenait pour Ponsard, et autour duquel on s'empressait à l'envi pour lui parler de ses œuvres, si morales et si démocratiques dans le vrai sens du mot, les citations les plus heureuses se pressaient sur leurs lèvres, les aperçus les plus fins, les plus ingénieux se faisaient jour. Il circula, tout d'un coup, dans la salle qu'on se trompait et que le prétendu poëte n'était qu'un gentilhomme français M. de P... ; et au rebours de ce qui se serait passé dans un salon de Paris, les prévenances disparurent tout à coup, et ne revinrent à mon noble ami, que lorsqu'en causant avec lui ils le trouvèrent versé dans le secret de leur art.

Je ne manquai pas une danse ce soir-là, il n'est pas un jeune homme présent dont je n'aie pris le bras. Je ne me rappelle pas d'être restée jamais si tard au bal depuis mon exil. Quand nous rentrâmes chez nous, il faisait jour; la figure de Suë rayonnait de jeunesse et de bonheur. C'est une des dernières bonnes soirées qu'il ait passé en ce monde. Quelques-uns ont voulu éterniser la date de cette soirée, en nous envoyant à Suë et à moi, des souvenirs qui sont restés nos joyaux de prédilection.

Suë était épris de toutes les voix de la nature, depuis les grands bruits des montagnes jusqu'aux chants des petits oiseaux couchés dans les buissons, aussi jamais il n'aurait porté un fusil, il eut eu comme un remords de détruire un seul de ces êtres qui venaient comme lui, loin des hommes, chercher la liberté.

Un jour, dans une de ses excursions, ayant atteint, avec la plus grande peine, le sommet d'un glacier, qu'il croyait inaccessible, il fut stupéfait d'entendre jouer sur une flûte l'air du beau Lindor; il chercha longtemps le musicien sans pouvoir le découvrir; piqué au jeu il revint, plusieurs fois, à la nuit tombante; enfin il découvrit que c'était un contrebandier qui signalait, si mélodieusement, l'approche des douaniers.

Suë composa durant son exil : La *famille Jouffroy*, les *Mystères du peuple*, *Gilbert et Gilberte*, La *Marquise Cornelia d'Alfi*, le *Fils de famille*, *Une page de l'Histoire de mes livres*, la *France sous l'Empire*, et enfin les *Secrets de l'oreiller* qu'il a laissés iné dits.

Sa vie se serait écoulée calme et tranquille, presque douce, dans ce chalet, entouré d'un petit nombre d'amis dévoués et sous un ciel hospitalier, sans ce mal secret qui ronge au cœur tous les proscrits. Tantôt, au bord de son lac il s'asseyait sur le rocher le plus élevé et restait là des heures entières, le regard perdu dans le vide et cherchant à apercevoir dans la brume des horizons amoncelés, les frontières de la patrie absente, s'efforçant de retrouver, dans les bruits du lac, quelques émanations bienfaisantes du sol natal. — Tantôt, quand sa tristesse trop profonde résistait à ces adoucissements, il venait chez moi à Aix ; nous confondions nos regrets et nos espérances et je le renvoyais un peu consolé. — Je lui avais donné une petite chambre, dans un de mes chalets, il y avait fait porter un fauteuil d'une forme particulière, appropriée à ses habitudes du travail, pieux don de sa sœur, et qui est maintenant, avec ses manuscrits que je possède presque tous, les seuls souvenirs qui me restent de lui. C'est chez moi qu'il a écrit le *Fils de famille*, qu'il m'a dédié ; c'est chez moi que nous avons eu ces longues conversations graves et paternelles de sa part, affectueuses et filiales de la mienne, dont l'écho vibre encore dans mon cœur ; c'est chez moi enfin, qu'il a trouvé l'amitié qui lui manquait, l'amité d'une femme, plus douce et plus ingénieuse que celle d'un homme.

Un jour de cette année arriva aux Barattes un autre exilé, le colonel Charras. Il faut voir dans les lettres (1) quelle fut sa joie de retrouver cet ami, un des plus nobles cœurs et un des plus grands esprits de ce temps ; le soldat et l'historien sont à la hauteur de l'homme, c'est tout dire. Le vendredi 1ᵉʳ août, Eugène Suë s'était senti indisposé, et le matin du jour où arriva Charras il souffrait d'une névralgie ; le lendemain lundi, une fièvre intermittente se déclara, mais elle parut céder à une énergique médication ; le mercredi il y eut un mieux sensible qui se soutint jusqu'au vendredi, mais qui fut com-

(1) J'ai daté les lettres de chacun de ces jours.

3

promis par une assez longue promenade que voulut faire le proscrit. Le lendemain samedi, la fièvre intermittente reparut menaçante. A la vue du malade et des symptômes de plus en plus inquiétants qui se manifestaient, le docteur Lachenal, que lui avait envoyé, à la requête de Jean, un de nos amis, M. de Pomereu, expédia une dépêche télégraphique à Genève pour réclamer le concours de son confrère, le docteur Maunoir, un des plus habiles médecins de Genève, en qui Suë avait une telle confiance qu'il avait voulu absolument me remettre entre ses mains lors de notre séjour en Suisse.

Le médecin n'avait pas dissimulé les inquiétudes que lui inspirait la nouvelle phase dans laquelle la maladie entrait. En effet, Eugène Suë avait eu quelques instants de délire, après lesquels la lucidité était revenue. La journée s'écoula ainsi, c'est-à-dire dans des alternatives de délire et de retour à la raison. Il se plaignait d'une douleur très-aiguë à l'hypocondre gauche. Le médecin fit appliquer dix-huit sangsues dans la région de la rate.

A dix heures du soir le docteur Maunoir arriva, et, après un court examen du malade, il reconnut que tout espoir était perdu.

Depuis ce moment, c'est-à-dire depuis le samedi à dix heures du soir, jusqu'au lundi matin sept heures moins cinq minutes, moment précis où il rendit le dernier soupir, le mourant ne reprit pas connaissance et ne prononça qu'un seul mot : boire !

J'appris par le colonel Charras, qui voulut bien me donner les détails ci-après, qu'Eugène Suë, par un vague pressentiment comprenant qu'il allait mourir, lui prit la main et la serrant avec tout ce qui lui restait d'énergie :

— Mon ami, lui dit-il, je désire mourir comme j'ai vécu, c'est-à-dire en libre penseur.

Sa volonté dernière fut exécutée.

Du reste aucun symptôme de souffrance n'agita ces derniers moments, ordinairement si terribles. Sans doute Dieu, qui avait fait au pauvre proscrit une vie si agitée, enleva au moment de sa mort la pensée d'Eugène Suë à la réalité et à la sensation du monde extérieur, et lui montra dans un rêve béni le sol si regretté de la patrie, les amis laissés en France, les affections absentes si longtemps pleurées.

La famille d'Eugène Suë désirait vivement ravoir aux Bordes sa dépouille mortelle, mais son beau-frère, M. Caillard, dut céder après

une vive résistance, au vœu de toute la popula-
tion ; l'enthousiasme avait pris un caractère tel
qu'on eut pu craindre de voir des milliers d'individus s'opposer à l'enlèvement du corps.
Les discussions durèrent huit jours, pendant
lesquels une procession émue et recueillie alla
visiter le cercueil arrangé pieusement par
les soins de Ravio dans la chambre qu'avait
occupée le défunt pendant ces huit jours,
il y eut des épisodes touchants ; des centaines
de proscrits ou de Savoisiens, craignant qu'on
ne leur enlevât le corps s'ils l'abandonnaient,
oublièrent leur ouvrage, laissèrent leurs ate-
liers, et épuisèrent leurs dernières ressources
dans cette douloureuse attente. Beaucoup ne
se couchèrent pas, mangeant à peine un
morceau de pain, et la grande allée d'Albigny voyait, durant ces longues nuits, ces pieux
et patriotes espions errer comme des âmes en
peine sous les grands arbres. Hommage touchant ! Enfin Jean, le fidèle valet de Suë, que
M. Caillard avait envoyé à Paris pour obtenir
le consentement de sa femme, revint rapportant
l'autorisation sollicitée, et la Savoie put conserver les restes de l'homme auquel elle atta-
chait un culte si fraternel.

Le gouvernement, malheureusement mal renseigné sur le caractère de cette démonstration toute filiale, crut devoir prendre des mesures répressives. Il ne permit pas l'ensevelissement au haut de la montagne, près de la pierre où il aimait tant à s'asseoir ; s'il avait été déposé là, à l'aide d'une souscription on aurait acheté les Barattes, et la petite maisonnette du romancier serait devenue, par la suite, comme les Charmettes, le but d'un poétique et respectueux pélerinage.

Les persécutions de la police sont incompréhensibles, surtout quand on songe à la liberté dont on jouit dans les Etats-Sardes ; évidemment elles furent dues à l'intervention du gouvernement français et aux exigences de l'ambassadeur M. de G..., qui en d'autres temps cependant avait été un des meilleurs amis de Suë et peut-être son obligé. Nous avons quelques lettres de ce dernier à Suë en mains qui en feraient foi. On poussa ces précautions jusqu'à exiger que l'enterrement se fît à 6 heures du matin, contre toutes les règles en usage ; on espérait ainsi diminuer l'affluence ; mesure vaine : le peuple entier veillait ! dès 5 heures du matin, l'allée d'Albigny s'encombrait d'une foule imposante et recueillie qui s'accroissait de minute en minute ; le concours était si immense que, partis des premiers, nous nous trouvions devancés, M. Ponsard et moi, par 3000 personnes au moins : les têtes surgissaient de tous les côtés, sortaient de dessous terre, pour ainsi dire. Malgré la chaleur tropicale et la longue distance des Barattes, notre point de départ, au lieu de sépulture des protestants, désigné par l'autorité pour y déposer notre cher mort, cette affluence, était si prodigieuse, que pendant que les premiers placés étaient déjà parvenus au cimetière, les derniers touchaient encore à la demeure mortuaire, quoiqu'elle soit éloignée, du champ du repos, de plus de trois quarts d'heure. Le deuil était conduit par M. Caillard, beau-frère du défunt et par le colonel Charras; ce rude soldat ne pouvait contenir son émotion, et des larmes silencieuses coulaient malgré lui sur ses joues bronzées par le soleil d'Afrique. Les coins du poële étaient tenus par M. l'avocat Levet, syndic d'Annecy, M. de Fesigny, commandant de la garde nationale, dont la conduite a été digne des plus grands éloges, par MM. Faure et Saint-Ferréol, ex-représentants du peuple, M. Paoli, exilé italien, M. Ba-

chet, un des hommes les plus libéraux d'Annecy, MM. Duchamp et Antony Luyrard, proscrits français, M. Gallas, ouvrier à la fonderie
de Cruac. Aucune cérémonie religieuse n'eut
lieu, aucun emblême catholique ne se voyait
sur le corbillard : Suë s'y était en tout temps
formellement opposé ; il est mort comme mourut Lamennais, comme Voltaire et Béranger
voulaient mourir. Tout se passa avec le plus
grand calme, et rien ne troubla l'auguste majesté de la cérémonie funèbre.

Au cimetière, une nouvelle déception attendait les amis du défunt. Nous espérions que
Charras ou un autre proscrit prendrait la parole ; cette tâche revenait de droit à un de ses
compagnons d'infortune, mais le gouvernement, persévérant dans ses tracasseries mes-
quines, avait défendu aux exilés de prononcer
aucun discours sur la tombe du grand citoyen,
et il fut déposé dans la fosse sans qu'aucun de
ceux, qu'il avait aimé, put lui dire au nom de
tous, publiquement adieu. Il est vrai qu'il se
trouvait dans cette foule un des meilleurs amis
de Suë qui le plaçait très-haut dans son estime,
un homme d'un grand talent et d'un noble caractère, qui n'a jamais obéi à aucun calcul,

dont l'indépendance égale le désintéressement, un des hommes les plus fiers et les plus honorables de ce temps, que les démocrates cependant ont parfois traité en ennemi, quoique ses ouvrages aient toujours été inspirés par le sentiment démocratique; cet homme, ce poëte se tenait auprès de la fosse, si l'on était venu lui demander de parler sur la tombe de Suë, il eut saisi avec empressement et avec bonheur cette occasion de rendre un hommage public à la mémoire de son ami, et un hommage digne de celui qu'on pleurait. On n'y pensa pas, il n'avait pas à se proposer, il se renferma dans son orgueil et sa dignité.

Suë repose dans un coin du cimetière jusqu'au jour où le peuple français viendra le chercher pour le rendre à la patrie. Attendons ce jour et remercions sa famille de nous le laisser jusque là. La dépouille mortelle du proscrit ne devait pas rentrer dans le pays prostitué qui l'avait banni et qu'il avait refusé de revoir pendant sa vie.

L'auteur des *Mystères de Paris* a exercé sur les idées et sur la littérature de son temps une influence trop énergique pour que nous ne rendions pas hommage à cette popularité que l'avenir n'acceptera pas sans doute toute entière, mais dont il restera, toujours assez, pour former cette auréole impérissable que l'estime place sur les fronts laborieux et féconds.

Eugène Suë était de bonne foi et croyait sincèrement à ses personnages ; il respectait ses lecteurs, s'il jugeait indispensable de les émouvoir par des péripéties terribles et violentes, s'il demandait des larmes à des catastrophes, il paraissait et il était tout le premier la dupe sincère des scélérats qu'il mettait en scène. Il ne passait jamais une tête railleuse à travers ses décors pour se moquer des pleurs qu'il faisait répandre ; ceux même qui trouvaient ses tragédies, d'une trame un peu grossière étaient frappés de la bonne foi et de l'imperturbable logique qu'il apportait dans la déduction de ses caractères. Il haïssait bien ses monstres et avait des extases réelles devant ses anges ; que de fois je l'ai vu ravi ou effrayé devant ses propres créations. C'est là un mérite, encore une fois, qu'il faut louer beaucoup, parce qu'il est souvent une excuse et qu'il se perd de plus en plus.

Cette bonne foi tenait d'ailleurs à des convictions honorables. Eugène Suë, après avoir commencé à écrire en fantaisiste et sans autre but que de multiplier des types effrayants, après avoir débuté non sans éclat par l'ironie et par l'amertume, s'était senti atteint lui aussi de cette inquiétude sociale dont aucun artiste généreux de ce temps-ci n'a pu se défendre. Riche, heureux, choyé, il pouvait n'avoir que des amis en s'en tenant à la littérature égoïste, à la devise *l'art pour l'art,* il préféra la route plus difficile où l'on rêve le bien entre deux haies d'inimitiés jalouses et de calomniateurs infatigables. Il comprit son rôle comme un apostolat: il fit servir ses romans à des développements philosophiques; il sonda les misères du peuple et il ne recula devant aucun problème, introduisant les lecteurs satisfaits du *Journal des Débats* et le public innocent du *Constitutionnel* dans les tapis francs de la rue aux Fèves et dans les antichambres des jésuites. Ces endroits malsains donnèrent bien quelques nausées, mais en dépit du style, qui n'était pas toujours à la hauteur de l'idée, Eugène Suë troubla son temps et fit surgir, tout à coup, des questions dont on avait conscience, mais qu'on n'osait pas encore scruter.

Nous le répétons: incrédule, sceptique, viveur pendant sa jeunesse, il écrivit la *Sala-*

mandre, *Atar-Gull*, le *Morne au Diable*
et vingt autres romans où, parmi les fantaisies
étincelantes d'une verve désordonnée, respire
le dégoût des hommes, le mépris du passé,
l'ennui du présent et l'ironie de l'avenir ; mais
quand cette âme d'élite eut épuisé la critique,
quand cette vive intelligence eut parcouru le
cercle des négations, il se fit en elle une con-
version subite, l'autre face de ce siècle, à double
figure, lui fut dévoilée ; un homme nouveau
naquit dans l'homme ancien, et cet homme
nouveau fut aussi un poète nouveau.

Rare et noble exemple d'un cœur assez généreux, d'une imagination assez féconde, d'un
esprit assez vaste pour embrasser, contenir et
mettre en œuvre et la critique la plus profonde
du passé et les aspirations les plus hardies des
croyances nouvelles. La trace de cette double
vie dont Eugène Suë avait tour à tour vécu, avec
la même sincérité, est profondément marquée
dans ses dernières œuvres ; il lui doit l'énergique puissance de son talent et l'originalité
saisissante de ses drames ; de là ces contrastes
hardis par lesquels il émeut le cœur en même
temps qu'il éblouit l'imagination ; de là cette
puissance de créer du même pinceau, sur la
même toile, les figures les plus opposées.

Mais il marchait plus volontiers, l'aimable et grand écrivain, dans les voies de l'avenir, et la main qui venait de buriner Ursule ou Rodin traçait pour le plaisir des yeux et pour le rafraîchissement du cœur, ces charmantes figures : *Fleur de Marie, Mathilde, Rose et Blanche, Adrienne de Cardoville.*

On publiait il y a quelques années les femmes de Shakespeare ou de Byron ; quel homme de goût nous donnera les femmes d'Eugène Suë?

Nous ne reviendrons pas sur le prodigieux succès des *Mystères de Paris,* qui n'a été égalé, sans être surpassé, que par le succès de l'*Oncle Tom.* La société blasée, lassée, mais inquiète du XIXe siècle ne peut plus s'intéresser à des fadaises sans but ; il lui faut jusque dans ses distractions littéraires le contre-coup de ses misères ; il faut qu'elle retrouve jusque dans ses rêves cette redoutée et inévitable révolution, qui est la dernière mise en demeure signifiée par la Providence au vieux monde.

Voilà pourquoi, en dépit des passions et des ambitions diverses de chacun, tous lurent avec avidité les *Mystères de Paris,* les uns pour y chercher une menace, les autres pour y découvrir une espérance. Cette influence prodigieuse ne s'exerça pas seulement à la surface, elle pénétra toutes les couches ; elle servit d'épigraphe à plus d'un réformateur et de prétexte à plus d'une réforme, elle fut le prologue de 1848.

Quant aux *Mystères du peuple,* ils sont le pendant de cette invention grandiose de la comédie humaine de Balzac ; c'est le livre le plus immense du siècle ; cette famille de prolétaires se suivant à travers les âges est d'un effet saisissant ; un jugement inique vient de couronner cette page sublime consacrée aux idées socialistes les plus avancées. — Il ne m'appartient pas de dire ce que je pense de l'*Histoire de mes livres :* je suis en cause ; mais l'éternel honneur de ma vie sera d'avoir eu ce grand homme pour biographe.

Et c'est ainsi qu'un romancier de bonne volonté, mais convaincu, eut la gloire, par la seule puissance de l'intention, d'agir sur la révolution, d'y aider et d'associer son nom d'une manière impérissable à l'histoire de nos agitations sociales. Ce mérite attire l'anathème de certaines gens ; pour nous, c'est un titre sérieux à l'estime. L'homme qui s'applique à traduire, à servir les besoins moraux de son temps est un homme de bien ; je lui pardonne quelques négligences littéraires et j'applaudis à ses livres comme à ses bonnes actions; j'applaudis à l'homme qui, parti du *far niente* aristocratique pour aboutir, après mille épreuves, mille injures, à la foi démocratique la plus entière, la plus radicale, n'a gagné à ce laborieux et intrépide effort que d'échanger le bienêtre et le luxe dans la patrie contre la gêne dans l'exil. Pauvre Suë! il eut une glorieuse vie et une mort enviable dans son amertume. Fidèle jusqu'à la dernière heure aux croyances que consacrent les *Mystères du peuple*, démocrate dévoué, il est mort comme il avait vécu, admiré de ses contemporains, entouré de ses amis, sa seconde famille, aimé du peuple, béni du pauvre, cher à tous ceux qui l'approchaient, confiant dans l'avenir, et les yeux fixés sur la France.

Alexandre Dumas a introduit dans sa plus intéressante que véridique biographie je ne sais quelle histoire de femme. Faut-il que le roman trouve à se nicher même au chevet des morts! Je n'ai presque pas quitté Suë pendant les trois dernières années de sa vie; j'allais rarement chez lui, mais il venait chaque semaine chez moi; l'âge et les infirmités aidant, il avait depuis longtemps dit adieu à la galanterie, et son intérieur calme et presque austère n'était animé par aucune figure féminine. N'en déplaise au trop fécond romancier, les dernières années de notre ami ont été adoucies par l'amitié peut-être, mais n'ont pas été troublées par l'amour ; cette femme imaginaire à laquelle *Monte-Christo* fait jouer le rôle de la fatalité n'a donc jamais existé que dans l'imagination du poëte.

Quant à M. Masset, il est vrai qu'il est mort brouillé avec Eugène Suë, mais cette simple rupture, qui eut pu être autre chose sans la générosité du cœur de Suë et l'intervention d'amis dévoués eut une toute autre cause, ainsi qu'il ressort des lettres que j'ai entre les mains, que l'influence méphistophélique d'une femme inventée ; Suë eut gravement et personnellement à se plaindre de M. Masset, si gravement, qu'il crut devoir protester dans les journaux qui avaient signalé sa présence à l'enterrement de ce dernier, et qu'il refusa d'aller le voir à son lit d'agonie. — Mais paix aux morts : si l'un a expié, l'autre a pardonné.

Encore un mot, qui termine cette courte notice.

La *Revue philosophique,* un des seuls journaux français qui aient eu le courage d'exprimer une pensée refoulée jusqu'ici à Paris par la peur, terminait un article consciencieux auquel nous avons emprunté quelques lignes durant le cours de cette étude, par le post-scriptum ci-joint qui résume toute notre pensée ; il est à la fois un appel et un reproche auquel nous nous associons de tout cœur.

« Nous apprenons qu'une souscription est ouverte à Annecy pour élever un monument à la mémoire de l'auteur des *Mystères du peuple.* Cette souscription est due à l'intelligente et courageuse initiative du colonel Charras ; on peut adresser son offrande au bureau du journal de la localité, le *Moniteur Savoisien.* Les feuilles de France, tel que le *Siècle,* la *Presse,* les *Débats,* le *Constitutionnel,* qui se sont associées par leur publicité à l'œuvre d'Eugène Suë, ne feront-elles rien pour la consécration en France de ce pieux souvenir ? »

MARIE de SOLMS,

née Bonaparte-Wyse,

EUGÈNE SUË.

ÉPITRE.

FRAGMENTS.

C'était un grand esprit et c'était un grand cœur,
Il a, dans ces combats, dont il sortit vainqueur,
Dans l'incessant travail de cette lutte ardente
Qui finit par l'exil, — pour lui comme pour Dante, —
Il a par sa foi vive et sa sincérité
Conquis à son nom pur un lustre mérité
Tandis qu'en notre temps trop souvent le poëte
Prête une voix factice à son âme muette,
Contrefait, en s'aidant de sanglots éperdus,
Des pleurs que ses yeux secs n'ont jamais répandus,
Et, parant d'oripeaux sa muse grimaçante,
Met un masque pompeux à la pensée absente,
Lui, faisait à grands flots, dans ses inventions,
Couler l'idée, et c'est le sang des fictions.
Comme ces feux changeants qu'aux phares on allume
Son âme illuminait les œuvres de sa plume.
Ses pas posent toujours sur un terrain connu,
Il pense ce qu'il dit, décrit ce qu'il a vu,

Si bien qu'en en faisant une étude suivie
Par ses livres on peut s'instruire de sa vie,
Voir le but qu'il cherchait, ses vœux, ses sentimens,
Et qu'on lit son histoire en lisant ses romans.

. . . .

A l'âge où la pensée ouvre son aile immense,
Ou comme un terrain prêt l'âme attend sa semence,
Il partit, étonné, mais non épouvanté ;
Il vit de l'Océan la sombre majesté,
Il aimait ce spectacle, et cette horrible guerre,
Que le vent déchaîné fait aux flots en colère,
Et l'effroyable choc des vagues et le bois
Criant et gémissant comme un homme aux abois.
Il aimait, quand le calme était sur l'eau profonde,
Voir le vaisseau *petit* entre le ciel et l'onde ;
Il aimait écouter, penché sur le bossoir,
Le chant du matelot dans la brise du soir...
Tout ce qu'il recherchait, c'était la poésie...
Le grain était fécond, la terre était choisie,
La plante germa vite, et bientôt l'épi d'or
Trop alourdi laissa s'épancher son trésor,
Et l'écrivain cueillit d'une main ferme et sûre
Sa moisson jeune encor, et pourtant déjà mûre.

. . . .

Voilà pourquoi sa riche imagination
Donnait aux premiers nés de son invention
Qu'inspirait l'Océan et ses grandeurs sublimes,
L'intérêt tout nouveau des récits maritimes.
Voilà pourquoi, peut-être, on retrouve toujours
La tempête chez lui pesant sur les beaux jours.

. . . .

Telle que l'Océan, dont il fit la peinture,
Son œil clair plonge au fond de l'humaine nature.

Le cœur de l'homme, abîme où la gloire et l'amour
Dans d'horribles combats triomphent tour à tour,
Où sur des flots fangeux et sous d'épais nuages
D'ardentes passions déchaînent leurs orages ;
Où parfois brille à peine, au fond d'un gouffre obscur,
L'éclat charmant et doux de quelque astre au front pur.
Ses récits, vérité trop souvent confirmée,
Montrent l'homme méchant et la femme opprimée,
Et, marchant droit au but dans leur bon sens brutal,
Proclament hardiment le triomphe du mal ;
La critique blâmait, la critique insensée
Ignorait l'avenir de l'œuvre commencée,
Elle ne savait pas pressentir le grand jour
Où le bien, dans la lutte, allait avoir son tour ;
On croyait en lisant l'œuvre désespérante
A l'anathème ardent de quelque âme souffrante ;
On se trompait : celui dont les récits railleurs
Racontaient les méchants plus forts que les meilleurs,
Affermissait ainsi sa haine vigoureuse
Contre ce qui froissait sa raison généreuse.

. . . .

C'était ainsi, son cœur connaissait trop, hélas !
Le résultat fatal des luttes d'ici bas.
Sachant que l'injustice est puissante et féconde,
Que la loi du plus fort est la loi de ce monde,
Et que l'homme est rebelle à ce que Dieu promet,
La cause des vaincus fut celle qu'il aimait.
En voyant par des lois qu'il prétend nécessaires,
Le monde condamner ses enfants aux misères,
En voyant les maudits et les déshérités
Tendant la main à ceux qui les ont rejetés,
S'agiter sans espoir dans leur bas-fond immonde,
Il s'était senti pris d'une pitié profonde....

Sûr d'en avoir un jour la force et le pouvoir,
Il s'était à lui-même imposé ce devoir
D'attaquer vaillamment les crimes sur leur trône,
Et de porter secours à ceux qu'on abandonne.
Enfin, ouvrant sa main pleine de vérités,
L'écrivain déchaîna ses vengeurs irrités.
On le vit, abjurant son sceptique système,
Foudroyer les méchants de son rude anathème,
On vit de ses romans les grands héros venir,
Comme Hercule, autrefois, pour sauver et punir.
Ce fut un beau spectacle et doux aux belles âmes,
Que de voir l'univers applaudir à ces drames,
Et les riches pleurant à ces récits offerts,
Compatir à des maux qu'ils n'ont jamais soufferts.
Mais, paradoxe vrai, dans notre siècle impie,
Comme toute vertu, toute gloire s'expie ;
L'exil, le dur exil, ô mort trop tôt pleuré !
De ton nom glorieux a fait un nom sacré ;
Et maintenant tu dors sous la terre étrangère
Qui, fière de t'avoir, te couvrira légère.
Dans ta tombe exilée, ami, dors en repos,
La France ingrate un jour regrettera tes os.

MARIE DE SOLMS.

Aix-les-Bains, 3 septembre 1857.

JUGEMENTS DE SUË

SUR QUELQUES CONTEMPORAINS.

I.

. . . .

M. James Fazy est l'homme d'Etat le plus éminent de la Confédération helvétique, et qui, en tout pays, reprendrait le niveau de son incontestable supériorité. Notre liaison datait de vingt-cinq ans déjà, quoique nous fussions en des camps opposés. Il rédigeait, peu de temps avant la révolution de juillet, un journal républicain. J'étais légitimiste et lancé dans le tourbillon du monde parisien, mais l'aimable et fin esprit de M. Fazy, sa cordialité, l'attrait irrésistible pour moi de la bonté joint à un caractère franc et résolu, me rapprochèrent de lui malgré mes divergences d'opinion. Lorsque

je le revis à Genève, en 1853, il avait, pendant
quatre ans, gouverné son pays dans l'acception la plus honorable, la plus large du mot,
après une révolution démocratique provoquée
par l'abus que faisait de ses priviléges une
puissante oligarchie, lutte malheureusement
sanglante, dans laquelle M. James Fazy avait
vaillamment payé de sa personne; ses amis,
arrivés avec lui au pouvoir lui déférèrent cette
sorte de dictature morale que les patriotes d'un
caractère assez élevé pour ne pas connaître
l'envie confient toujours à celui qui leur semble
devoir le plus activement, le plus utilement
servir la chose publique.

Lors de mon arrivée à Genève M. James
Fazy, déchu de la présidence du Conseil d'Etat
en suite d'une coalition électorale, se consolait
de cet échec en songeant aux services rendus
par lui à son pays et à ceux qu'il pouvait lui
rendre encore; je retrouvais, à ma très-grande
surprise, l'ex-président de la république de
Genève tel que je l'avais connu vingt-cinq ans
auparavant, aussi jeune de cœur et d'esprit
qu'autrefois, il n'avait rien perdu de verve, de
sa bonté native, et de sa gaîté cordiale, fleur
charmante des consciences sereines; ces dons

heureux qui m'attiraient jadis vers lui, il les possédait encore, et cependant sa vie s'était écoulée au milieu d'ardentes luttes politiques. En butte aux attaques les plus violentes, à des haines acharnées, à des accusations odieuses, éprouvé par les déceptions, par les ingratitudes politiques, il avait vieilli dans le maniement des affaires publiques, et surtout dans cette décevante expérimentation des hommes qui dessèche, corrode les natures vulgaires, et rend ombrageuses, défiantes ou sceptiques les natures choisies, les attriste profondément et les fait se replier sur elles-mêmes. Mais lui, point... cette saine et vigoureuse organisation morale se conservait toujours jeune, toujours expansive et généreuse, plus il avait vu le mal... plus il aimait à croire au bien ; plus il avait été déçu... plus il aimait à se confier; plus il avait été calomnié... plus il aimait à défendre autrui des calomnies, car autant il les dédaignait en ce qui le touchait, autant elles le révoltaient lorsqu'il n'était plus question de lui.

. . . .

II.

. . . .

Je m'estime heureux de cette occasion de témoigner, non pas seulement de mon vif attachement pour M. de Kersausie, mais de l'admiration (j'appuie sur le mot) que m'a toujours inspirée son dévouement à la cause républicaine, dont il est un des plus intrépides soldats.

Certes, à l'honneur de notre cause, s'il a été souvent égalé, il n'a jamais été dépassé ; ce dévouement à la fois si valeureux, si modeste et si plein de sacrifices de toute nature accomplis sans hésitations, sans regrets, et avec une sorte de grandeur ingénue par M. de Kersausie, appartenant à l'une des plus anciennes familles de Bretagne et de France, branche cadette de la Tour-d'Auvergne, riche d'un patrimoine considérable, capitaine de hussards avant 1830, son brillant courage, ses rares aptitudes militaires, sa fortune, son nom même, lui ouvraient une carrière éclatante... eh bien, fortune, grade, liens de caste et de parenté, si particulièrement chers aux Bretons, M. de Kersausie a tout sacrifié à sa foi politique.

Nouvelle preuve, à mon sens, que ceux-là qu'on appelle les aristocrates comptent toujours, lorsqu'ils s'élèvent jusqu'à la démocratie, parmi les démocrates les plus convaincus, les plus ardents, les plus dévoués! dédaignant ce que tant d'autres envient, épurés par le sacrifice, grandis par leur lutte, souvent douloureuse, contre des sentiments, des croyances, des goûts pour ainsi dire innés en eux sous l'influence de la tradition du foyer domestique, ils ont laborieusement, péniblement conquis la vérité.... Ne sont-ils pas aussi méritants que ceux qui ont eu le bonheur de l'avoir toujours possédée, grâce aux circonstances ou aux exemples dus à l'éducation.

A cette heure, selon la logique des probabilités, s'il était resté au service et en dehors de la politique active, M. le comte de Kersausie serait sans doute général de division, ou assurément général de brigade, ou bien, s'il eût renoncé à la carrière militaire, il vivrait somptueusement dans ses terres de Bretagne, habitant le château paternel, écoulant ses jours paisibles au milieu d'une nombreuse famille cordialement unie, et auprès d'une sœur chérie pour laquelle il professe une espèce de culte.

Or quelle a été, depuis vingt-cinq ans, l'existence du gentilhomme démocrate !... Après avoir dépensé sa fortune au service de sa cause (notamment plus de deux cent cinquante mille francs affectés à la publication de divers journaux républicains et socialistes ; après avoir refusé, en 1830, le grade de chef d'escadron et la place d'aide-de-camp de Louis-Philippe, il a bientôt après donné sa démission. Dès lors, il a vécu dans l'ombre des sociétés secrètes, partagé les angoisses, les périls des conspirateurs à main armée, exposé sa tête, connu les rigueurs morales et matérielles des prisons, et il est aujourd'hui proscrit, errant, pauvre, frappé de mort civile par l'exécrable condamnation décembriste, de sorte qu'il ne peut même faire régulariser sa possession de l'unique et dernier débris de sa ruine... une modique pension suffisant à peine à lui procurer le nécessaire.... suprême ressource qui pourrait, certains cas échéants, lui manquer, faute de formalités voulues par la loi.

Certes, en février 1848, personne, soit par les services rendus, soit par sa valeur morale et par ses connaissances spéciales, n'était plus digne que M. de Kersausie du mandat de représentant du peuple. Ce mandat, il n'a pas plus songé à le solliciter que l'on n'a songé à le lui offrir... et ce fut une grande ingratitude ! son ambition s'est bornée à mettre au service de la république son épée, son expérience militaire, sa bravoure proverbiale, si, comme il le conseillait avec tant de sens, le gouvernement provisoire voulait organiser des forces révolutionnaires, afin d'entreprendre une guerre de propagande.

Qu'ajouterai-je ?... pendant six mois, soit à Annecy, soit à Aix, j'ai vécu dans la plus étroite intimité avec M. de Kersausie, et je n'ai pas surpris chez lui... je ne dirai pas un regret de tant de sacrifices consommés avec un si noble dévouement, une plainte de tant d'infortunes, mais je n'ai pas même remarqué en lui la conscience d'avoir tant sacrifié... Non... et lorsque je lui témoignais l'admiration, je le répète, que me causait son dévouement, il me répondait simplement, candidement :

— « Qu'ai-je donc fait de si merveilleux ?...
» Quand on passe à un camp... on y passe
» avec armes et bagages. J'ai perdu mes ba-
» gages dans la campagne... il me reste

» ma foi républicaine et mon épée... Foi de
» Dieu? » — ajoutait-il en prononçant avec
son léger accent breton ce serment de la vieille
Armorique! Sa vaillante épée!

Ce serait un sacrilége pour moi de changer un mot
aux lettres de Suë; je les publie dans toute leur naïveté,
avec toutes leurs négligences, telles qu'elles ont été
écrites au courant de la plume. On verra la bonté de
son cœur; on apprendra à le connaître, à l'apprécier,
mieux peut-être que par ses ouvrages; toutes les ado-
rables délicatesses de son âme y seront à nu. — S'il y
a quelques éloges pour moi, on me les pardonnera,
tous les pères trouvent leurs enfants beaux et charmants, alors même qu'ils sont laids et maussades, et
Suë avait pour moi l'affection d'un père! — Quelques
critiques atrabilaires m'ont reproché cette publication;
ils ont crié à l'indiscrétion. La première lettre de ce
recueil répond à ce reproche mieux que je ne pourrais le faire. Ces lettres ne sont qu'une partie de la
volumineuse correspondance qui me reste entre les
mains; je n'ai pas choisi, certes, les plus curieuses,
ni les plus intéressantes; j'ai publié celles qui suivent
au hasard et sans même conserver leur ordre de date.
Quand des convenances de diverses natures, la crainte
de blesser quelques individualités ne m'arrêteront plus,
je compléterai ces fragments, et peut-être alors Suë
apparaîtra-t-il sous un jour nouveau, mais nous sommes
si près du moment où nous l'avons perdu qu'il ne m'appartient pas encore de lever le voile qui couvre certaines idées, certains paradoxes, certaines appréciations, et qui, dans un an ou deux, viendront plus à
propos, sans avoir rien perdu de leur primeur.

(Note de l'auteur.)

CORRESPONDANCE.

LETTRES D'EUGÈNE SUE A MADAME DE SOLMS.

Votre scrupule à propos des lettres de Lamennais n'a pas le sens commun, ma chère enfant, permettez-moi de vous le dire. Je crois me connaître en honneur, eh bien ! je vous donne ma parole qu'à votre place je n'hésiterais pas. J'aime en vous cette délicatesse outrée allant jusqu'au scrupule, cette discrétion inviolable et cette sûreté de relations qui font de vous un des hommes les plus honorables que je connaisse, mais il ne faut pas pousser trop loin l'exagération de ces bonnes qualités. Lamennais était-il votre ami oui ou non ? S'il l'était, c'est lui faire injure que de vous imaginer qu'il pourrait vous en vouloir de demander au mort un service que le vivant vous eut rendu cent fois. L'amitié est une chose sérieuse ou c'est un vain mot ; si c'est une chose sérieuse, alors c'est une protection, un aide, un dévouement, et nous agissons en petits esprits en ne demandant pas à nos amis les services qu'ils peuvent nous rendre comme nous les leur rendrions, et sans hésiter nous-mêmes. Laissez-moi donc publier ces lettres, la délicatesse vous le permet, et envers ceux qui vous blâmeraient, je prends la responsabilité de cette mesure et je prouve mon opinion en insérant celles mêmes qu'il m'a écrites personnellement à votre sujet. Je suis convaincu que si notre pauvre Fely revivait, il vous répéterait lui-même, et plus chaleureusement encore, ce que je vous écris dans toute la conviction de mon cœur, il vous dirait : Comment, enfant, vivant, j'aimais à vous protéger de mon nom, de mes conseils, de mon affection, ma parole vous défendait, et vous croyez que je vous en voudrais de prouver tout haut par mon témoignage écrit ce que je pensais de vous.

Croyez-bien, ma chère Marie, un honnête homme ne rougit jamais de voir ses actions, ses pensées et ses opinions dévoilées ; ainsi si cette correspondance ou d'autres peuvent être utiles à la cause ou à vous-même, vous avez le droit d'en faire part au public, mais j'aurais tort de vous sermonner plus longtemps, je prêche d'exemple, puisque c'est moi qui prends l'initiative de la publication de ces documents.

Un homme dans notre position, un écrivain ne s'abuse pas, lorsqu'il écrit il sait bien que, quelques soient les promesses faites, ses lettres sont malheureusement des autographes, et que, dans 20 ou 40 ans, elles sont nécessairement livrées à la curiosité ou à la sympathie, par le fait même de la personne à qui elles ont été adressées ou par ses héritiers. Vous le voyez bien par Balzac, à chaque lettre intime, personnelle qu'il vous a écrite, il mettait en tête *brûler* et vous obéissiez à cette injonction, tandis que toutes les autres ne portaient aucune mention ; il devinait le rôle possible, probable, qu'elles devaient jouer dans un temps plus ou moins éloigné.

Il est toutefois un cas, où le silence le plus scrupuleux est exigé par les simples lois de la pudeur, c'est lorsque les lettres ont été adressées à la femme et non à l'ami. La femme de lettres est excusable toujours, louable souvent quand elle cherche à faire connaître par sa correspondance un ami littéraire ou politique appartenant à son salon, elle est blâmable et indélicate lorsqu'elle trouble le silence du cimetière par des révélations amoureuses. La G... livrant lord Byron et ses soupirs un peu ridicules au public est blâmable. Mme Recamier pouvait publier tout ce qu'elle voulait sur Châteaubriand et personne n'avait le droit de le trouver mauvais. Vous êtes vis-à-vis de Fely dans cette dernière position; il n'y a qu'un homme qu'une femme délicate ne doit pas étudier pour le public, c'est son amant. Ainsi c'est convenu, nous insérerons les lettres de Fely, elles vous seront utiles et elles ne pourront qu'ajouter à la respectueuse sympathie que ce grand nom inspire. Vous avez d'ailleurs un thermomètre infaillible pour vous guider. Toutes les fois que vous faites aimer davantage un homme en dévoilant un côté de sa vie, vous êtes dans la bonne voie. Celles au contraire où cet homme s'est montré sous un jour peu favorable ou qui sont propres à donner lieu à des interprétations fâcheuses sur sa conduite, il faut les détruire, mais il n'y a pas à vous donner cet avertissement. Tout homme qui vous écrit s'élève par le cœur et par l'esprit, il est et il veut se montrer digne de vous, il est donc presque toujours digne de lui-même.

Eugène Sue.

Votre étude sur Victor Hugo est très-bonne, faites-donc celle de Paillet et de Béranger. Je reviens à celle-ci parce que je suis convaincu que vous vous en tirerez merveille. Je vous remercie de la bonne pensée que vous avez de me joindre à votre galerie. Je serais très-fier de vous inspirer quelques-uns de ces mots chaleureux que vous avez toujours à la disposition de ceux que vous aimez, et je m'honore d'être du nombre ; je vous enverrai des notes sur mon père et mes premières années, puisque vous le voulez absolument ; mais je vous en prie, ne me communiquez pas votre travail, si toutefois vous l'entreprenez. Il ne faut pas avoir l'air de nous renvoyer des compliments, c'est pourquoi j'ai écrit en Hollande votre biographie, hors de votre atmosphère et à froid, aussi elle est impartiale. Montrez votre travail à P... ou à G. P... mais laissez-le moi ignorer jusqu'à l'impression. Mon calcul est bien simple, je sais que vous ne direz qu'exactement ce que vous pensez : si c'est louangeur je serai obligé de vous prier d'ôter cette appréciation trop flatteuse, et cela me coûtera, pourquoi craindrai-je de l'avouer ; après les sales calomnies de M........, me voir rendre justice par une amie qui me connaît mieux que personne, cela me flattera... trop peut-être... si ce n'est pas à ma gloire, littérairement parlant, et je sais que vous me *casez*, comme je fais moi-même, fort au-dessous de votre ami Balzac, je vous mettrais dans l'embarras en vous demandant de lire, avant leur publication ces pages, et d'un autre côté vous m'estimez trop, je l'espère, pour déguiser votre pensée, quelle qu'elle soit, afin de ménager ma susceptibilité.

Je vous adresserai donc une seule prière au sujet de cette publication. Si vous êtes dans l'intention d'y joindre des lettres de moi, envoyez-m'en la copie et permettez-moi de la revoir, quoique je n'ai aucune crainte sur celles que vous choisirez. Vous avez ma pensée, si cela se peut dire ; bien certainement on vous consulterait à 300 lieues de moi pour savoir ce que je déciderais en telle ou telle occurence, **vous répondriez comme moi-même, tant vous avez l'intuition de mes opinions, de mes volontés ou de mes doutes ; ce que vous décideriez bien certainement, je l'aurais décidé.**

Je signerais sans les lire tous les articles
que vous m'enverriez, c'est vous dire ma
confiance absolue en vous ; tout ce que vous
ferez sera bien fait, et vous avez d'avance ma
complète et entière approbation, mais je vous
ai écrit presque toujours au courant de la
plume, sans prévoir que ces lettres pourraient
être lues, elles doivent donc être remplies de non
sens et de négligences. Je vous connais. Vous
voudrez leur laisser ce que vous appelez leur
naïveté, et ceux qui les liront se moqueront de
moi. Permettez-moi de les revoir. Je n'y chan-
gerai rien, je vous le jure, mais je les rendrai
un peu plus présentables, voilà tout : Je vous
prie instamment de ne pas faire la méchante et
de m'accorder cette grâce. Ne voyez-là aucune
défiance de ma part ; il n'y a qu'une petite
question d'amour-propre. Je ne demande pas
à briller, mais puisque vous voulez absolument
me faire sortir de mon trou, laissez-moi paraître proprement, je ne dis pas élégamment.
Quant à mes vers, ils sont tous à vous, prenez
les moins mauvais, chère professeuse, faites
une razzia complète, ou n'en faites pas mention, vous êtes libre comme l'air, mais gare à
vous si vous me faites connaître comme poëte

et si l'on me critique je suis votre élève, je ne vous ferai peut-être pas honneur. . . . .

. . . .

EUGÈNE SUE.

————

. . . .

Vous avez raison et c'est triste, la désunion dans les petites questions est la pierre de touche de notre parti. Jean contredisant Paul, et Pierre attaquant Jaques ; toutes ces polémiques sont fatales, nous nuisent, nous serons peut-être perdus, certainement amoindris par elles, et elles réjouissent nos ennemis. Que le bonapartisme dévore ses enfants, à la bonne heure, nous, ne tirons pas sur les nôtres. . .

. . . .

EUGÈNE SUE.

————

Jeudi soir.

Un mot, un tout petit mot d'actions de grâce, chère enfant bien-aimée, j'avais à écrire une scène très-difficile, très-risquée, j'y songeais et resongeais, me disant ; il faut que cela soit bon. Elle le lira, l'œuvre lui est dédiée, et puis cette lecture se fera peut-être un soir dans la chambre bleue, près de nos amis, et si elle est contente... la douce récompense que son sourire satisfait ; à cette pensée la lumière s'est faite ; j'ai trouvé la scène, je la crois bonne. Merci, Marie, je viens de finir de l'écrire, encore merci. Ce bonsoir à vous, *adesso y siempre.*

Eugène Sue.

LETTRE SUR FLOCON.

Toute élogieuse que soit cette lettre pour moi, je me décide à la laisser à cause de l'hommage qu'elle rend à Flocon.

Dimanche.

Vous, à qui je dis tout, madame et bien chère amie, je n'épargnerai pas la confidence de la journée charmante que j'ai passée hier. Votre amitié prendra sa part de mes joies, comme elle a pris celle de mes ennuis. Elle est venue, savez-vous, oui elle est venue me surprendre dans ma solitude ; elle avait passé presque toute une nuit en voiture. Elle venait de monter les rocailles du chemin qui conduit à ma maisonnette, et je l'ai vue entrer aussi rose, aussi fraîche, le teint aussi transparent et pur que si elle sortait du bain. Je vous l'ai dit souvent, elle est moralement et physiquement une de ces natures d'élite, douées de ce don si rare, de se commander âme et corps ; de dire à celui-ci : toi, malgré ton élégante délicatesse, tu seras robuste, tu ne souffriras ni de la fatigue, ni du sommeil, et ce corps charmant, dont Hébé eut été jalouse, obéit et devient de fer couleur de rose ; elle a dit à son esprit vif, brillant, pénétrant, qui autorisait en elle toutes les prétentions ! tu seras simple, cordial, bon enfant, et tu laisseras au moins autant deviner ton charme que tu l'imposeras, — et l'esprit a obéi ; je ne saurais vous dire en effet, combien elle a été charmante, pleine de grâce, de bon goût et d'à-propos, j'ai ici l'un de mes meilleurs amis, homme d'un grand cœur, d'une grande intelligence, qui a été l'un des hommes les plus consirables de 1848, et qui est l'un des plus fiers caractères de la proscription, dont il endure les douleurs, la pauvreté, avec une noblesse antique ; vous dire tout ce qu'elle a été pour lui me serait impossible, comment vous peindre cet accent d'une déférence si touchante, ce regard empreint d'une si généreuse sympathie, et dans son entretien que de tact exquis, quelle finesse, quelle douce raillerie, et avec cela que de bon sens, que d'indignation véhémente contre ce qui est bas ou ignoble ; que vous dirai-je, elle si jeune, si belle et si entourée, n'a jamais, je crois fait, comme on dit, plus de frais que pour le pauvre exilé, déployant pour lui toutes les coquetteries d'un cœur chaleureux, toutes les séductions d'une âme élevée ; mon vieil ami est resté ébloui, charmé, mieux que cela, profondément attendri, lui... un stoïque, un cœur de bronze au danger.

Cette soirée sera, je vous l'assure, et pour lui et pour moi l'un des plus précieux souvenirs de notre exil, soirée trop tôt terminée, car la fée qui avait métamorphosé ma solitude en palais, nous a quitté, mais laissant notre pauvre demeure toute évermeillée du reflet de sa présence, et la lune disparaissait derrière les montagnes de notre lac, que nous causions encore de cette si aimable fée. Adieu, bien chère amie, mieux que personne vous pouvez la comprendre ; aussi votre imagination suppléera aux omissions de ce récit bien imparfait, de l'une des meilleures journées que j'aie passées de ma vie, je ne vous parle pas de mes impressions à moi en la voyant toujours, et plus que jamais belle et bonne à ravir... il serait trop long de vous les écrire, je vous les dirai mardi, puisque vous voulez bien m'accorder l'hospitalité. Je serai chez vous de trois heures à trois heures et demie, je prendrai le chemin en dehors d'Aix afin d'éviter la traversée de la ville et les curieux.

A vous toujours,

EUGÈNE SUE.

Lundi 14 mai.

Ainsi que vous le pensez, je ne me permettrai de rien changer à votre charmant programme ; ce sera une fête de cœur complète, grâce à ce trésor d'esprit, de bonne grâce et de cordialité que vous pouvez impunément prodiguer, car vous êtes en cela cent fois millionnaire, je serais donc chez vous à quatre heures. Je vous apporterai la lettre pour Mme Sand ; j'ai bien vivement regretté ma déconvenue d'hier soir, mais mon espoir d'aujourd'hui laisse peu de place à mes regrets de la veille. Adieu donc, à tantôt. Cette prochaine séparation ne me désole pas, l'amitié a cela d'excellent, qu'elle nous permet de braver le temps et l'espace, et où que vous alliez, votre bon et affectueux souvenir me restera constant. Encore adieu, et à tantôt.

EUGÈNE SUE.

Dimanche.

Hélas! pauvre chère enfant, je disais hier : *Votre Altesse* s'amuse, pensant qu'en effet vous vouliez me tourmenter un peu en feignant de croire à mon oubli, et cette plaisanterie de votre part était à mes yeux un heureux symptôme de votre retour à la santé, il n'en est rien, votre lettre d'hier au soir m'apprend le retard inexplicable de mes quatre lettres qui vous sont parvenues à la fois, et me prouve qu'en effet vous avez dû, non pas m'accuser d'oubli et d'indifférence (vous me connaissez trop bien pour cela) mais être très-surprise, et très-sincèrement surprise, de ce silence pour vous inexplicable. Jugez de mon chagrin, chère enfant, en apprenant que vous êtes toujours triste et fort souffrante, dites-vous, et surtout dans la même disposition

tion d'isolement, puisque vous ajoutez : Notre ami n'est pas encore arrivé, je n'en suis pas fâché, car je suis toujours G. H... — Si j'en jugeais d'après moi, cette tendance à la solitude ne m'inquiéterait pas, en cela qu'elle use à mon sens le chagrin nerveux, sans cause déterminée, tandis que la présence des personnes mêmes affectionnées, gêne ou distrait de cette usance de la douleur, ou bien agace, en cela que l'on se croit obligé de faire des frais pour elles, ainsi que l'on dit vulgairement.

Quoi qu'il en soit, je suis heureux de savoir par votre lettre d'aujourd'hui, notre ami auprès de vous ; je le jalouse un peu. Mais je n'irai à vous que lorsque vous me direz : venez. J'ai trop craint la dernière fois, d'avoir contrarié ma bien chère et tendre enfant. Quant à la visite de lundi, j'ose à peine y croire à cause de ce temps horrible et de la faiblesse de votre santé ; surtout, bien chère enfant, pas d'imprudence ; pour vous, si affaiblie, la route est longue et fatigante. Voilà mon rôle d'ami sage et prudent rempli, maintenant, ai-je besoin d'ajouter combien je serais heureux de vous posséder ici. En tous cas, vous m'écrirez lundi par le télégraphe n'est-ce pas, si je dois ou non vous attendre. Il faut une demi-heure, vu la distance d'ici à Annecy pour que la dépêche me parvienne, ainsi si vous télégraphiez d'Aix à dix heures du matin, j'aurai votre réponse à midi. C'est vous dire que si jamais il vous prenait *subito* la fantaisie de me voir, vous me le télégraphieriez, et 4 ou 5 heures après votre dépêche reçue, je serais près de vous. Adieu bien tendrement, chère enfant bien-aimée, j'ai tout espoir et bon espoir dans votre belle et pleine jeunesse, si verte et si vivace, dans ce beau sang vermeil et chaud qui colore vos joues et vos lèvres. Votre excellente et saine constitution triompherait de ce malaise. J'en suis certain, je le sens. Adieu bien tendrement. En tout cas, à lundi, puisque j'aurais d'une façon ou d'une autre des nouvelles de vous.

A vous toujours,
EUGÈNE SUE.

———

Jeudi, 3 heures.

Pas encore une lettre de vous, chère enfant, et il était convenu que vous me diriez si vous vouliez toujours de moi vendredi! J'ai auguré votre silence et de votre non-réponse à ma lettre de lundi, qu'il vous convient que j'ajourne ma visite, j'attendrai donc un mot de vous. Si par hasard, il y avait eu retard, je recevrais votre lettre demain vendredi, et en ce cas, je partirais samedi. Votre long silence m'attriste; pourvu qu'il soit seulement causé par l'oubli et non par la maladie, en ce cas, de grâce, priez Françoise de m'écrire un mot. J'irais savoir de vos nouvelles, ne fût-ce que pendant une heure de séjour à Aix. — Vous savez combien je vous aime, et combien je suis prompt à m'alarmer. Adieu, bien tendrement adieu. J'ai eu ces jours derniers de siguliers pressentiments. Ils me trompent rarement. Votre silence semble jusqu'ici les confirmer. Or, selon ma douce habitude de mettre toujours les choses au pis, je commence d'envisager très-résolument l'avenir, car autant je suis faible dans une positions douteuse, autant je suis ferme dans les positions nettes. Or, quelque soit l'avenir, chère enfant bien-aimée, bien tendrement aimée, de près ou de loin, présent ou absent, je suis et serai toujours à vous, du plus profond de l'âme. Encore adieu tristement et tendrement; si dans le courant de la semaine prochaine vous avez un moment à perdre... un petit mot, n'est-ce pas.

Je pense qu'il arrive souvent de si incroyables retards qu'il se pourrait (Ah quelle joie!!!) que votre lettre que j'attendais aujourd'hui jeudi, ne me parvienne que demain vendredi pour me dire : Venez... en ce cas la poste n'arrivera ici qu'à 3 heures. Je partirais tout de suite, et j'arriverais pour dîner avec vous à 7 heures chez Guilland. Je saisis cette occasion de poste supplémentaïre pour vous dire combien je vous aime et aimerai toujours quand même ; le présent et l'avenir sont à vous, mais le passé est à moi. Encore adieu, mille tendresses affectueuses.

EUGÈNE SUE.

Mercredi.

Je me souviens très à propos, bien chère enfant, que vous m'avez dit la veille de mon départ, que non seulement vous aimiez les longues lettres, mais que plus elles seraient fréquentes, plus elles vous feraient plaisir, surtout dans la disposition d'esprit où vous vous trouvez en ce moment. Voilà pourquoi, après vous avoir écrit lundi et hier je vous écris encore aujourd'hui : Je ne sais si vous aurez le même plaisir à me lire que moi à cau-ser avec vous, mais je ne puis résister au désir de me passer cette douce satisfaction de cœur, puis je vous sais triste et seule... Si nous n'avions pas tant de contact et de ressem-blance, je m'effraierais pour vous de cette tris-tesse dans la solitude, mais vous êtes, je pense en cela comme moi : j'aime à lutter avec le cha-grin seul à seul. L'on est ainsi à peu près certain de le battre ou de l'user. J'ai eu dans ma vie une grande tristesse. Je suis parti pour un châ-teau du père de mon beau-frère, château inha-bité depuis vingt ans, au fond de la Sologne, en hiver, et seulement occupé par un vieux ré-gisseur. J'ai passé là trois semaines, seul à seul avec ma pensée, atrocement douloureuse. Pendant les premiers jours, ce tête-à-tête a failli me rendre fou, puis peu à peu j'ai repris mon empire sur moi-même, et finalement au bout de six semaines j'avais vaincu mes en-nuis ; il ne s'agissait pas d'un simple chagrin d'amour, mais d'une révolution complète dans ma destinée, et de ce jour, j'ai marché ferme dans une voie nouvelle ; mon seul regret est que votre chagrin actuel, chère et bien-aimée

Marie, n'ait pas un corps; il est à l'état de fan-
tôme, de spectre vague, et il n'en est que
plus difficile à combattre. Cependant je me
rassure en songeant aux immenses ressources
que vous avez en vous-mêmes, et je crois que les
natures d'élite éprouvent fatalement de temps
à autre de ces désespérances vagues qui ont,
si cela se peut dire, une douleur qui n'est pas
sans charme, et je...

J'en étais là de ma lettre, chère enfant,
lorsque je reçois la vôtre (il est trois heures)
écrite sans doute hier, et arrivée non moins
exactement que la mienne; merci mille fois de
votre bon et prompt souvenir. Je l'ai lue et
relue, et malgré ma philosophie, du commencement de cette lettre je me suis très-attristé :
ce besoin absolu d'isolement et de silence,
cette horreur *du son même d'une voix
humaine* m'inquiète, pauvre chère Marie,
les larmes me viennent aux yeux parce que
je vois votre douce et belle figure, d'une
beauté si grave lorsqu'elle est pensive... votre
regard fixe, profond, qui semble contempler
quelque chose ailleurs qu'en ce monde..; ce
sourire parfois navrant qui effleure vos lèvres
lorsque vous êtes absorbée par votre pensée

5

intérieure... je vous vois ainsi immobile... et j'éprouve au cœur une sensation poignante... C'est faiblesse, sottise, car mieux que personne je comprends ce besoin d'isolement, je le pratique souvent... mais vous... vous si jeune, si adorablement douée... Enfin, puisse cette crise être passagère, mais depuis que je vous connais je n'ai jamais reçu, pauvre enfant bien-aimée, une lettre qui m'ait ainsi désolé ; peut-être est-ce que je m'en exagère la signification, je le crois, car sans cela, au risque de vous déplaire, je partirais pour Aix, ne fut-ce que pour un quart d'heure, vous serrer la main, puis revenir, mais si jamais j'ai ressenti la terreur du *mal-à-propos*, c'est maintenant ; je me bornerai donc à vous dire *courage*, sans plus même oser vous l'écrire, car il me semble qu'il ressort de votre lettre que la correspondance même vous pèse en ce moment. J'attendrai donc un mot de vous, chère enfant, afin de me fixer à ce sujet. Je vous sais si nerveuse, si impressionnable, que je serais aux regrets d'augmenter vos ennuis. Merci mille fois encore de votre bonne promesse du *Rêve d'automne*, qui, hélas ! me paraît plus que jamais un rêve... mais qu'importe ! il est si doux !! et à ce propos, où avez-vous vu que j'avais une gouvernante. Je n'ai rien compris à ce passage de votre lettre, sinon que je ne devais pas perdre tout espoir de vous voir changer ma pauvre maisonnette en palais enchanté. Adieu bien tristement, je me sens froid au cœur. Un mot pour me dire si vous désirez ou non que je vous écrive. Ai-je besoin d'ajouter que si, par excès, la solitude vous fatigue, je serai près de vous quand vous le voudrez. Adieu Marie, je vous aime bien tendrement, mon seul chagrin, et il est grand, est de ne pouvoir rien pour votre bonheur ni sur votre tristesse.

EUGÈNE SUE.

Samedi, 11 heures.

Bonne nouvelle, bonne nouvelle ; après cinq heures de discussion aussi ardue, aussi épineuse, aussi pointilleuse et ergoteuse que celle du plus inextricable des protocoles, j'ai trouvé enfin une rédaction satisfaisante pour tous, et grâce à une douzaine de mots, deux braves gens, de qui l'un m'est bien cher, ne se couperont pas la gorge ; et je n'aurai pas à craindre, question secondaire, mais quant à moi, très-capitale, de quitter ce pays, où tant de liens m'attachent. Je ne saurais vous dire combien j'ai été touché de l'intérêt que vous et notre ami m'avez témoigné à ce sujet, et je vous l'assure, j'ai eu le cœur tristement serré durant le trajet d'Aix à Annecy. L'égoïsme humain est tellement incurable que, malgré mes tristes préoccupations, je regrettais mon sacrifice héroïque d'une ou deux journées passées à Aix, me souvenant, hélas! de ces bonnes causeries du soir, heures charmantes si vites écoulées, où nous parlions de tout et de rien. Autre chose encore : Me voici du moins certain que je retrouverai de pareilles heures, j'arrive sans transition à une nouvelle qui circule ici et qui m'a causé un certain émoi pour vous si détachée, trop détachée que vous soyez des intérêts matériels. On dit qu'il existe à Genève en ce moment une bande d'individus très-experts, qui ont tenté avec autant de hardiesse que d'habileté un vol chez un des principaux joailliers de cette ville ; savez-vous quelle pensée m'est venue ? c'est que vous alliez habiter votre chalet seule avec vos femmes de chambre, et que l'on vous sait en possession de pierreries d'une valeur considérable. Ne feriez-vous pas sagement de les déposer (sauf celles qui vous servent habituellement de parure) à la banque de Savoie à Chambéry, où elles seraient en toute sécurité, et surtout de faire savoir qu'elles sont déposées là. Cela épargnerait la tentation d'une tentative à ces honnêtes gens qui exploitent Genève et qui pourraient songer à vous honorer d'une visite, apprenant par le bruit public que vous possédez des diamants d'une beauté remarquable. Vous allez rire de mes craintes, soit, mais suivez mon conseil, il est prudent. Consultez d'ailleurs à ce sujet vos amis et je suis certain qu'ils penseront comme moi. En parlant de votre chalet, je suis heureux de songer que quelques fleurs nées aux Bordes fleuriront en Savoie sous vos yeux, n'oubliez pas de bien recommander à votre jardinier de les arroser *matin et soir* pendant plusieurs jours, sitôt qu'elles auront été plantées. J'oubliais une autre idée qui me semble ingénieuse. Voyez l'amour-propre !! Votre tonnelle ne sera que très-tardivement ombragée par les plantes grimpantes, et vous aurez un charmant endroit pour déjeûner au frais et à l'ombre, à savoir votre salle de bain, grotte enchantée, si l'on plaçait un plancher mobile sur la baignoire, si elle est pratiquée au dessous du niveau du sol. Qu'en dites-vous?

Me *revoici* dans ma solitude, qui exerce sur moi une singulière influence, en cela qu'elle ralentit le mouvement de mon pouls, en d'autres termes, le mouvement de la vie; je suis tellement habitué à ce silence, à cet isolement, que lorsque j'en sors, je ressens une véritable fièvre, ce n'est pas dans une sorte de tristesse que je retombe dans ce calme morne, où je mourrais d'ennui et de nostalgie si je n'avais le don de m'abstraire par le travail. J'espère, lorsque j'aurai le plaisir de vous voir, avoir assez avancé le *Fils de famille* pour que vous puissiez me dire avec votre sincérité habituelle ce que vous pensez de l'œuvre, vous savez quel prix j'attache à votre jugement, car, chose étrange, vous allez toujours droit au fond de la pensée ou du sentiment que je tâche d'exprimer. Adieu, encore mille fois merci de votre bon et cordial accent. Serrez bien pour moi la main de notre ami Ponsard, et croyez à l'assurance de mon dévouement bien sincère.

EUGÈNE SUE.

Un de nos compagnons d'exil et des meilleurs amis de Suë, auquel j'ai montré cette lettre à Londres quand il était encore vivant, V....., en a été tellement ému et l'a trouvée si touchante qu'il m'a demandé de la copier.

Mercredi.

Je suis attéré, pauvre chère enfant, et cependant sans prévoir toute l'étendue du désastre que vous m'annoncez. J'avais appris avant-hier d'un témoin occulaire, que notre malheureux ami avait joué à Aix; cela m'avait attristé sachant la juste et extrême importance que vous attachez à sa bonne résolution, mais, grand Dieu, que j'étais loin de m'attendre à un pareil sinistre. Votre lettre m'a navré, m'a arraché des larmes des yeux, bonne et généreuse et noble femme que vous êtes! Quel déchirement, quel cri de l'âme douloureusement frappée au plus vif de sa tendresse! Ah! vous êtes *bonne*, et cela pour moi, voyez-vous, Marie, je vous l'ai dit, c'est le plus grand éloge que je puisse faire de votre cœur! Oh combien je bénis mon naturel de ne m'avoir jamais laissé connaître ce hideux égoïsme, cette féroce personnalité que l'on décore du nom d'envie, je peux sincèrement, en âme et conscience et la douleur dans l'âme, compâtir à l'affreux chagrin de notre ami de vous avoir blessée, bon cœur, brave cœur, et loyal pourtant malgré son apparente déloyauté en ce qui touche sa promesse à vous faite ; il n'avait pas conscience de lui-même, il avait la fièvre, cette horrible fièvre du jeu, qui vous égare, vous rend fou. Non, il n'avait plus conscience ni de vous, ni de sa mère, ni de son génie, ni de sa foi. C'était un fou, et des fous il faut avoir compassion, il faut les soigner, les calmer, les guérir, et surtout avant tout, éloigner d'eux tout ce qui peut réveiller leur folie. Voilà pourquoi il faut que notre ami fuie l'occasion ; ah ! l'occasion l'occasion ; spectre fatal, entremetteuse, infâme, je suis navré, Marie, parce que je vous le répète, je vous l'affirme, notre ami souffre en *homme de cœur*, à qui ses remords, ses reproches contre lui doivent être affreux, mais de grâce, je vous en conjure, ne désespérez pas, ne désespérez pas ; ce serait le décourager, il faut au contraire lui dire la vérité : qu'il a commencé à peine à produire tout ce que l'on attend de son génie ; qu'il est homme de ferme caractère ; qu'il n'y a point de passion invincible ; que le sentiment du devoir qu'il a, lui plus que personne, lorsqu'il est dans son état normal, triomphe de ces égarements lorsqu'on le veut ; qu'il trouvera la plus noble, la plus douce, la plus maternelle, la plus féconde des expiations dans le travail. Mon Dieu combien je voudrais pouvoir, j'en jure Dieu, lui donner quelque peu d cette obstination invincible que j'ai pour le travail, et à qui j'ai dû, je dois tant de consolations; justement, lors de notre dernière promenade, en conduisant votre voiture, nous causions de cela, il s'étonnait de mon labeur constant, de ma puissance de solitude, et je lui disais : Essayez, fixez-vous chaque jour une heure de travail, vous poëte, l'inspiration ne viendra pas, certes, chaque jour, mais la chercher, mais l'attendre, c'est déjà s'occuper. En parlant du jeu, je lui disais, n'avez-vous pas la plus belle, la plus noble, la plus palpitante et brûlante partie du jeu, engagée avec le public lors d'une première représentation ; sont-ce les émotions, est-ce le gain que vous cherchez ? Où trouverez-vous des émotions plus vives, plus violentes, une chance de gain plus favorable. Que pouvez-vous perdre? quelques mois de travail, il est vrai, mais chez les grands poëtes comme chez les grands hommes de guerre, les défaites mêmes ne sont pas stériles, elles enseignent.

Voilà, Marie, ce qu'il faut dire, écrire et répéter à notre ami, il ne faut encore une fois ni désespérer de lui, ni de votre influence, il faut qu'elle triomphe du mal, de la paresse, de l'accablement parce que cette influence est généreuse et sainte, *solitude et travail*, tendres encouragements, affection indulgente, maternelle, et à l'horizon, l'espérance, la certitude de se relever de cette chute, telle est la ligne de conduite pour arriver à la guérison de cette funeste aberration qui n'est, grâce à Dieu, qu'une aberration et non un état normal.

Pauvre chère enfant, croyez-le, si mon affection pour vous *telle que je vous aime* pouvait augmenter, cette lettre qui, dites-vous, *n'est pas pour moi*, l'augmenterait jusqu'à l'adoration ; mon seul chagrin est d'être impuissant à vous consoler, si j'en juge d'après moi, et nous avons bien des points de contact, la solitude est le milieu où l'on supporte le mieux la douleur ; de grâce, chère enfant, un mot de réponse, ne voyez-vous pas, à cela surtout, d'arrière pensée égoïste de ma part, mais que je sache comment vous êtes, et lui aussi à son retour de Paris. Ah ! je vous l'ai dit bien des fois, le cœur souvent m'a saigné en songeant à tant d'argent bêtement dépensé, alors que vient l'heure où l'on pourrait obliger qui mérite de l'être. Hélas ! maintenant je suis pauvre et vis de mon travail, mais, si pauvre que je sois, j'aime à penser que notre ami sait qu'il peut compter sur moi, dans les limites de mes ressources, malheureusement bornées, mais enfin, c'est tout de *bon cœur*.

Adieu, Marie, je vous aime sérieusement, gravement, entendez-vous, croyez-le, car il y a de tout dans mon affection, ainsi que dans les yeux de cette héroïne que vous aimez. Ai-e besoin de vous dire que si dans les temps ordinaires je suis à vous, quand, où et comment vous le voulez, il en est à plus forte raison ainsi lorsque vous souffrez. Adieu encore bien tristement et bien tendrement. Adieu, chère enfant, et surtout, de grâce, je vous en conjure, ne désespérez pas ni de lui ni de votre influence, il faut que ça lui soit salutaire, il faut qu'il triomphe du mal, il faut qu'il vous doive la renaissance de son génie.

A vous de tout cœur,   EUGÈNE SUE.

Jeudi.

Si je suis plus calme demain, m'avez-vous dit, pauvre chère enfant, je *vous écrirai une lettre pour vous*. Voici le courrier venu, il ne m'apporte pas de lettre, vous êtes donc toujours profondément attristée, et je ne saurais m'empêcher de vous faire entendre encore une voix amie ; et puis j'ai à vous gronder, ce à quoi je n'ai pas songé hier, tant j'étais abasourdi par cette déplorable nouvelle, tant je souffrais de ce que vous ressentiez et de ce que devait ressentir notre pauvre ami ; ma gronderie, la voici : *à quoi bon* (m'avez-vous écrit), *vous ennuyer de mes amères tristesses*. Marie, est-ce que sérieusement vous pensez cela, est ce que je ne suis pour vous que l'homme des jours de joie et de plaisir ! est-ce que je n'ai pas déjà conquis quelque droit à votre affection sérieuse, c'est-à-dire au partage de vos chagrins. Vous savez d'ailleurs que ma crainte du *mal-à-propos* en tout, ne me rendra jamais indiscret, même avec vos tristesses, mais vous me trouverez toujours en tout et pour tout, quand vous croirez que je

puis vous être bon à quelque chose. Cette
gronderie épuisée, je reviens à ce qui vous
touche si cruellement, et à force d'y songer, je
me suis de plus en plus persuadé ainsi, et davantage encore que je ne vous le disais hier,
qu'il ne faut ni vous décourager ni le désespérer ; songez donc, pauvre enfant, que *l'on revient de bien plus loin que cela.* Cette leçon
serait terrible et profitable pour une intelligence et un cœur ordinaires, mais comment
pouvez-vous craindre qu'il n'en soit pas ainsi
pour une intelligence d'élite et un cœur excellent et très-généreux. L'exemple de cet
autre grand poëte tué par le vin n'a rien
de commun avec notre ami, en cela qu'à l'autre le cœur a toujours fait défaut ; je le connais
depuis bien longtemps, croyez à ce que je vous
dis, tandis que, avec les gens de vrai cœur, il
y a toujours une puissante ressource. Chassez
donc ces mauvaises et fausses idées que la
malveillance veut vous donner, et soyez per-
suadée, ainsi que vous le dites d'ailleurs, que
cette année de recueillement, de solitude et de
travail sera féconde et régénératrice.

Oui, en ceci, chère enfant, vous êtes dans le
vrai, voilà ce qu'il faut, ce que l'on doit rai-
sonnablement espérer. Adieu, bien tendrement adieu, sachant que c'est vendredi jour
du retour de notre ami, que vous recevrez cette
lettre, j'ai presque regret à l'écrire, craignant
qu'elle n'impatiente votre chagrin, car ce sera
pour vous un jour bien cruel à passer que celui
de demain ; mais je me dis que peut-être aussi

un souvenir de cœur, de tendre commisération pour vos peines si généreuses, si vaillantes, vous sera doux au cœur, voilà pourquoi je persiste à vous envoyer ce mot. Adieu, chère et bien-aimée enfant, courage, courage, je suis bien peu dans votre vie, mais dites-vous cependant que toutes vos peines ont eu en moi un écho. Encore adieu. Dès que vous le pourrez, un mot, quelques lignes seulement pour me rassurer sur vous.

Tout à vous de cœur,   EUGÈNE SUE.

LETTRE SUR FLOCON.

Mercredi.

Je déchire une énorme lettre que je vous écrivais au moment où je reçois votre cher petit mot, qui contient plus de bonnes choses qu'il n'est gros, puisque vous me faites espérer que je vous verrai bientôt, je préfère vous dire ce que je vous écrivais, non sans réticences, au sujet de votre lettre relative à ce déplorable *mal-entendu* (je persiste), vous n'avez pu douter, de la peine que je prends, n'est-ce pas, à tout ce qui vous émeut et vous touche, alors même que cette émotion repose heureusement sur une donnée fausse, ce dont je compte bien vous convaincre. Je suis bien sensible à la sympathie que vous témoignez à mon vieil et excellent ami, F. Flocon; il est ici depuis dimanche, et partira lundi 2 juillet. Vous le jugez et l'appréciez à merveille, c'est l'un des plus nobles cœurs que je connaisse; nous passons nos journées (sauf mes heures de travail) à espérer, à regretter, à philosopher sur le présent et sur l'avenir; c'est une belle et grande âme que le malheur, loin d'avoir aigri, a épuré, comme la flamme épure le métal; aucune haine, aucune rancune ou jalousie, un coup d'œil d'une impartialité rare, d'une justesse profonde sur les hommes et sur les choses; le résultat de ses renseignements est de tout point conforme à ceux que je reçois; tout pronostic, le *commencement de la fin.*

Notre espérance est calme, un peu triste, car ce que nous espérons, on ne le conquère pas sans lutte. Ce vieil ami m'a dit en m'abordant (il y a près d'un an que nous ne nous étions rencontrés) *Vous avez l'air heureux.* Vous voyez, mon enfant, que ma figure est moins discrète que ma parole, et comme je lui demandais en quoi j'avais l'air heureux?

— Je ne saurais vous le dire, m'a-t-il répondu, mais la dernière fois que nous nous sommes vus, vous n'aviez pas cette physionomie-là, et voilà, chère Marie bien-aimée, comment vous me compromettez aux yeux de mes vieux amis, le bonheur que je vous dois me trahit, et me fait des réputations de félicité très difficiles à soutenir, sans votre aide. Vraiment, vous n'avez pas trouvé ces pauvres vers très-mauvais? En tout cas, si peu qu'ils vaillent, leur mérite doit vous être attribué. Je rêve de Florence sans compter d'autres rêves où vous et notre ami êtes toujours. Je vais écrire d'un côté à Rossini et de l'autre à M. d'Azeglio, afin de le prier de

tâter le clergé d'affaire de Toscane à Turin, et
au besoin j'écrirais à Mme Appony, avec laquelle j'ai conservé longtemps de très-bonnes
relations. Le dernier tableau que vous m'avez
fait de cette ville enchantée, sans parler d'autres enchantements à vous personnels, me
transporte d'avance et ce serait une véritable
déconvenue pour moi de passer ailleurs que là
mon hiver, surtout lorsque j'entrevois au
milieu de ces fleurs, de ces nouvelles, de l'art,
certaine adorable petite figure d'enfant aimé,
dont toutes ces splendeurs ne me semblent être
que le cadre.

Mais, pour rêver au plus voisin bonheur, je
serai donc à vous quand et comme vous voudrez à dater de mardi prochain. J'ai fait part à
mon ami de toutes vos bonnes grâces pour lui,
et à votre nom seul, il est sorti de l'abattement
mélancolique où il végète depuis la séparation
de sa famille, il craignait de s'abandonner à
trop de joie. Adieu, bien tendrement adieu.
Cette chambre bleue me fait encore l'effet d'un
conte bleu, tant il y a de féerie dans l'aventure, grâce à vous, chère et adorée *fée bonheur,* quel joli fils Béranger vous a trouvé là.

Mille pardons de ce détail de ménage. Pourrai-je trouver à loger L. L., mon valet de
chambre à l'hôtel Guilland? Croyez-vous qu'il
faille prévenir d'avance pour cela. Pourrai-je
aussi y faire remiser ma voiture au cas où elle
serait arrivée, ce dont je doute, car elle n'est
partie que le 29. Mille pardons de vous ennuyer de ces questions.

Lundi.

Je vous ai quitté doublement attristé, bien chère enfant, et de mon départ, et de cette nostalgie dont vous m'avez fait l'aveu ; je comprends d'autant mieux cette impression qui vous navre souvent, que cet hiver, pour la première fois, j'en ai très-cruellement ressenti l'atteinte, mais mon consolateur souverain, le *travail*, m'a aidé à vaincre cet accablement, sachez trouver là, comme moi, un *dérivatif*, vous qui êtes si bien douée et qui avez en vous-même tant de ressources. Tâchez surtout, je vous en conjure à mains jointes, de résister au désir d'aller guérir pour 5 ou 6 jours ce mal du pays, qui ensuite de cette guérison factice, redoublerait d'intensité sans parler des ennuis de toute sorte, plus intolérable pour vous, que des dangers sérieux. Enfin j'acquitte une dette d'affection bien sincère en vous parlant encore de ce maudit voyage que je vois avec de très-grandes appréhensions, sachant surtout votre mari à Paris, lui, complice de ces gens qui vous en veulent de toute la haine des misérables contre ce qui est droit, vaillant et fier.

Me voici dans ma maisonnette. Si j'osais empiéter sur l'avenir : Je dirais : *notre maisonnette*; elle m'a paru avoir un aspect tout nouveau depuis que j'ai la presque certitude que vous l'habiterez pendant quelques jours, chère enfant adorée. Cette pensée a aussi donné à mes yeux un autre aspect au pays. Cela vous semblera bizarre, mais cela est, il faisait hier soir un clair de lune splendide sur le lac, et j'ai regretté que votre chère visite ne fût fixée qu'après le *décours*, car vous ne pouvez vous imaginer la magnificence de ce tableau. Ainsi donc, à la fin de cette semaine ou au commencement de l'autre je vous attends... Est-ce bien vrai ?

Eugène Sue.

Mardi.

Un mot, en hâte, chère enfant bien-aimée, pour vous envoyer un article que vous ignorez peut-être, et qui me semble absolument dirigé contre votre mère et contre vous, la seule, je crois, de votre famille qui soyez dans la situation signalée par le décret. Il ressort de là, évidemment, que la haine de ce bandit, loin de s'apaiser par votre exil, redouble en raison de votre ferme dignité, jugez donc, d'après cela, des ennuis auxquels vous vous exposeriez en allant bénévolement vous mettre sous la griffe de ce *moitié tigre, moitié serpent*, ainsi que vous l'avez si justement dit ? Quel coup pour votre pauvre mère, vu ses prétentions *princières*, cela me fait sourire en ce qui la touche, mais trembler en ce qui vous regarde, car ces misérables, en ce moment-ci, sont capables de tout. Une lettre de ma sœur, que j'ai reçue hier en arrivant, m'affirme qu'il y a eu une nouvelle tentative sur le bandit par l'un de ses *cent-gardes*. Il faut que cela soit bien vrai, puisque ce matin, le fait est démenti par le *Moniteur* qui prend les devants sur les bruits. Je vous en adjure, chère enfant, avant de risquer ce coup de tête, consultez vos amis de Paris, demandez à ceux en qui vous avez créance ce qu'ils penseraient de cette hypothèse. *Le gouvernement français vous sachant à Paris*, je suis certain de ne pas me tromper en affirmant que tout homme de bon sens, et qui connaît les choses de ce temps, vous répondra qu'il y aurait pour vous danger, et qui pis est, danger stérile, qui aurait pour résultat sans doute de vous faire envoyer en Angleterre ou en Belgique et de contrarier ainsi sans profit pour personne, vos projets, et de vous causer d'intolérables ennuis.

Pardonnez-moi, pauvre chère enfant, de vous *rabâcher* ainsi à ce sujet, mais ce décret évidemment régi contre vous, plus que contre toute autre personne des Bonaparte, me semble un symptôme très-significatif. Pensez-le, réfléchissez et surtout excusez l'ennui que je vous cause probablement en songeant au motif qui me guide. Vous savez si je vous aime de toute façon, et plus que jamais, car je ne saurais vous dire, chère Marie bien-aimée, combien cette légère atteinte de nostalgie augmente la tendresse que je vous porte. Votre regard était parfois hier, en me parlant de la France, d'une tristesse navrante et les larmes me sont venues aux yeux. Ah! ce chagrin latent qui vous accable, vous énerve, pauvre enfant, rend plus admirable encore votre vaillante renonciation, et redouble mon attachement pour vous, et le respect, oui le respect que j'ai pour l'élévation de votre caractère. Courage, donc, courage, et

si peu que je puisse pour vous aider à supporter
ce redoublement de peine, comptez sur moi,
Marie, disposez de moi en tout et pour tout, je
suis à vous, esprit, cœur, plume et bras à vous,
maintenant et toujours.

Croyez-le, n'oubliez pas d'écrire à notre ami
que vous l'attendez le plus tôt possible, car il
lui faut le temps de recevoir votre lettre et de
venir. Il n'y a pas d'égoïsme à moi de vous
faire cette recommandation, puisqu'ainsi il
vous verra plus tôt, et moi, je verrais aussi mon
Rêve d'automne plus tôt réalisé.

A vous, toujours et de cœur, mille tendresses.

Eugène Sue.

Mercredi.

Vous ne sauriez croire, chère enfant bien-
aimée, combien j'ai été heureux de votre empressement à me rejoindre, moi qui sais maintenant par expérience que vous pouvez disposer
de peu de moments, tant votre journée est
remplie par toutes sortes d'obligations d'amitié, d'études, de leçons, etc., etc.; donc, encore
mille fois merci de votre bonne lettre, écrite,
ô prodige, durant le temps que votre Van Dyck,
descendu de son cadre, a mis à parcourir l'allée
qui conduit de la grille au chalet; le temps
importe peu, et votre lettre contient plus de
choses qu'il n'y paraît: il en est ainsi de vos
entretiens, souvent un mot de vous ouvre à
mon esprit tout un nouvel horizon, car quoique je croie et j'espère vous connaître un peu

déjà, presque chaque jour je fais une nouvelle découverte.... et mon cœur s'en réjouit
car ainsi s'augmente ce trésor de confiance
qui sera pour moi et pour vous une source intarissable de chers et précieux souvenirs, car
il y a véritablement dans ma tendresse paternelle pour vous, quelque chose qui la rend *à
nulle autre pareille* (c'est du moins mon impression personnelle) non pas seulement parce
que par la jeunesse, par la beauté, par l'entraînement passionné du cœur, enfin par votre
rare esprit, vos vraisemblables talents vous êtes
la femme la plus complète que j'aie connu,
mais parce que dès le premier jour nous avons
pris l'habitude d'une telle franchise, d'un tel
dédain du convenu, du faux, du simulé, que
nous sommes entrés de prime-abord dans une
voie de confiance absolue que les meilleurs
amis n'ont, je crois, jamais eu et n'auront jamais l'un pour l'autre. Est-ce un mal? est-ce
un bien? Je crois que c'est un bien, en cela
que nous sommes un peu comme ces amants
qui n'ont qu'à gagner à se déshabiller jusqu'à
la chemise inclusivement aux regards l'un de
l'autre

Vos défauts sont les *ombres portées* (vous
savez le dessin) de vos qualités, ainsi, lorsque
vous prétendez que je vous tiens par votre mauvais côté, vous dîtes une chose profonde; reste
seulement à savoir ce que vous appelez : Votre
mauvais côté, et grâce à vous, ce mauvais là
est bien près d'être excellent, il y aurait tout
un livre à faire là-dessus, et qui sait, peut-être
un jour le ferai-je.

A propos de livre, savez-vous, Marie, que je vous dois un nouvel et très-vif attrait au travail. En d'autres termes, la pensée que peut-être nous lirons ensemble la suite de cette œuvre qui vous est dédiée, ainsi que nous en avons lu le commencement dans cette chère maisonnette qui recèle la fée.

EUGÈNE SUE.

Lundi.

Je suis si heureux de causer avec vous que je saisis tous les prétextes, et aujourd'hui j'en ai grand nombre. D'abord, mon jardinier m'écrit des Bordes que la sécheresse était telle qu'il n'a pu m'envoyer tout de suite, ainsi que je le lui recommandais, les géraniums, de crainte qu'ils ne m'arrivassent morts ou peu s'en faut, il attendait donc un temps plus favorable qui, grâce aux horribles pluies de ces derniers jours, n'a pu lui manquer.

Autre prétexte, et celui-là est pour moi, Marie bien-aimée, d'une importance capitale. Il se pourrait, qui sait.... vous m'avez surpris par des bonheurs si imprévus... il se pourrait qu'un jour vous vous rappeliez certaine ravissante promesse touchant certaine ravissante chambre bleue... Or je dois vous faire un aveu, des temps où je n'avais, hélas! pas à craindre de respecter un engagement pris à l'avance, j'ai prié mon digne et excellent ami, Ferdinand Flocon, de venir passer une huitaine de jours avec moi ici ; je me faisais et me fais encore une joie de sa présence, car c'est la résignation dans la dignité, l'honneur dans la pauvreté, la douceur dans la force, que cette nature d'élite. Hier il m'a écrit que ses douleurs de goutte s'étant un peu calmées, il s'apprêtait à faire son *petit paquet* et à répondre à mon appel. Je n'ai pu, ni voulu reculer l'époque de sa visite, songeant que peut-être les délais, les tracas de votre nouvelle installation au chalet dureraient peut-être jusque vers les derniers jours du mois, qu'ainsi serait peut-être retardé pour moi ce rêve de passer une semaine près de ma chère enfant, rêve charmant, si d'aventure ce devait être pour moi mieux qu'un rêve. J'ai donc engagé mon excellent ami à venir le plus tôt possible, parce que j'aurai (lui ai-je dit) une petite excursion à faire dans les derniers jours du mois. Ces huit ou dix jours consacrés à cette vieille et fidèle amitié, une quinzaine (la dernière d'août) consacrée à ma sœur et à mon beau-frère, qui viennent me voir ici, seront donc les seuls empêchements à me rendre à vos ordres, si la fantaisie vous prenait de vouloir de moi. Hors cette dizaine et cette quinzaine, où vous pourrez d'ailleurs venir à Annecy, chère fée, je suis à vous, où, quand, comment et autant que vous le voudrez, si ma bonne étoile, à laquelle vous me faites croire, veut que vous le vouliez; quant à l'automne, quant à l'hiver, je n'y veux point songer. Ou plutôt j'y songe trop. Merci à vous, chère ange bien-aimée, de m'avoir, quoiqu'il arrive, donné ce thème.

Eugène Sue.

Dimanche matin.

Un mot en hâte, ma bien chère amie, car le courrier part et je désire vous apprendre la cause du retard de la publication de votre notice dans le *Constitutionnel savoisien*. Je reçois à l'instant un mot de M. Rey qui me fait observer que, crainte de graves inconvénients pour moi, il a fait suspendre l'insertion, afin de savoir si cette notice doit être signée de moi, Ce à quoi je lui réponds que non, par cette raison que si les phrases que j'ai ajoutées relatives à l'*homme* sont conservées, elles amèneront nécessairement mon expulsion de Savoie sans aucun profit pour notre cause, et que si le journal les supprime, je ne puis signer l'expression tronquée de ma pensée, ce travail étant d'ailleurs autant le vôtre que le mien. Je réponds dans ce sens courrier par courrier à M. Rey, et je ne doute pas que la notice ne paraisse, tronquée ou non, dans le prochain numéro. Mille amitiés de ma part à M. Paillet et à M. de Pomereu. Je crains qu'ils aient eu bien mauvais temps pour leur retour. Donnez-moi de leurs nouvelles et des vôtres. J'ai encore eu un petit accès de fièvre ce matin, mais *decrescendo*. Adieu, ma bien chère enfant, croyez à l'assurance de mon bien affectueux dévouement.

EUGÈNE SUE.

———

Vendredi soir.

Je serai aussi courageux que vous, bien chère enfant, je ne vous parlerai pas des an-

goisses mortelles où m'ont jeté la lettre de
P..., leur effet a été combattu, dominé par la
fermeté de ces lignes écrites par vous de votre
lit de douleur. Si vous ne me défendiez pas
d'une manière si absolue de courir à vous, je
serais parti aussitôt après avoir reçu votre lettre, mais je sais par moi-même que souvent la
maladie nous donne un impérieux besoin de
solitude. Je suis, quant à moi, un peu comme
les bêtes des bois qui se retirent, lorsqu'elles
sont blessées, au fond de quelque retraite
inaccessible ; il me semble que le silence et
l'isolement sont pour beaucoup dans la guérison. Je compte bien comme vous, vous voir
vous *ressusciter vous-même* par la seule
énergie de votre volonté. Mais combien je vous
gronderai lorsque vous serez tout à fait revenue
à la santé. Combien je vous reprocherai cette
vilaine pensée que vous allez déchoir dans mon
affection, ou plutôt dans mon admiration,
parce que vous souffrez, parce que vous êtes
accessible aux infirmités de l'humaine espèce.

Ah ! chère enfant, vous n'en doutez pas, je
prendrais vos souffrances afin de vous les épar-
gner ; mais si vous saviez le charme amer,
cruel, mais irrésistible que la douleur physique
ou morale donne à la femme, et surtout à vous[1].
Cela vous rend plus *humaine*, vous qui, par
tant de côtés, ne tenez pas à la vulgaire huma-
nité. Cela fait que je vous plains du plus profond de mon cœur, et si vous saviez combien

(1) Cette pensée a inspiré à Suë de charmants vers
intitulés *La souffrance,* qu'il m'a adressés.

cette tendre compassion m'attache plus étroitement encore à vous. Hélas! je vous reprochais quelquefois en riant de n'être pas assez femme, pauvre chère enfant adorée Vous l'êtes à cette heure par la souffrance ; mais du moins, croyez-le, cette souffrance augmente encore, s'il se peut, ma tendresse, mon ineffable attachement pour vous. Je m'en veux d'avoir si mal compris votre lettre, et de vous avoir ainsi forcé à une grande fatigue, en m'écrivant celle-ci afin de réclamer de moi *votre chère pitance* épistolaire. Si vous saviez combien ces mots, ce désir m'ont touché; vous m'aimez un peu, Marie, je le sais, je le sens, je n'en doute plus, maintenant, car c'est surtout dans le chagrin, dans la souffrance que se ressent le besoin de la véritable affection.

Allons, bon cher enfant, courage, courage, je dis cela beaucoup plus pour moi que pour vous, chère vaillante. Cette crise aura peut-être, et même certainement, un effet salutaire, en vous dégageant de ce malaise latent, sourd, qui se manifestait de tant de manières, et vous reviendrez à la santé plus belle, plus fraîche, plus vivace que jamais, je suis certain que l'air d'Annecy (tout égoïsme à part) sera excellent pour votre convalescence. Oh! chère et adorée petite malade! avec quel soin, quelle sévère sollicitude je veillerai sur vous. Combien je ménagerai dans nos promenades vos forces renaissantes, et avec quel bonheur je suivrai sur votre figure l'excellent effet de cet air pur et salubre de la montagne : Ainsi, j'y compte à la fin de la semaine prochaine.

Chère Marie, vous serez sur pied parce que vous le voudrez : Votre énergie de volonté, de caractère est telle, qu'elle réagit, j'en suis convaincu, du moral au physique. Adieu, bien tendrement adieu, et à revoir. Vous recevrez chaque jour une lettre jusqu'à ce que vous me disiez : C'est assez. S'il arrive quelque inexactitude, ne l'attribuez pas à l'oubli de ma part. Encore adieu, il me faut toute la déférence que j'ai pour vos désirs pour m'empêcher de partir ce matin pour Aix. J'y resterais une heure afin de m'informer moi-même de votre santé, puis, je repartirais. Adieu encore, à vous, maintenant et toujours, et de toute mon âme.

EUGÈNE SUE.

Samedi.

Rien encore aujourd'hui, pauvre chère enfant, et voilà la troisième fois que je vous écris sans recevoir un mot de réponse; vous devez pourtant comprendre combien est vive mon anxiété au sujet de ce qui vous touche; si vive, que j'étais décidé à vous envoyer un exprès, car je crains que vous ne soyez malade... Mais je sais aussi que souvent dans les grandes tristesses l'affection la plus tendre, la plus dévouée devient importune. Ce doute me glace et m'empêche de vous écrire plus longuement. Seulement, Marie, je vous en supplie et je vous le demande comme une grâce, répondez-moi courrier par courrier ces seuls mots : *Je vais bien physiquement*, rien de plus. Vous recevrez cette lettre demain dimanche, à 5 heures. Je vous en conjure, répondez-moi immédiatement un mot, envoyez-le sur-le-champ à la poste, et j'aurai votre réponse lundi. Jusque-là, combien d'anxiétés... Adieu... bien tendrement et bien tristement. A vous.

EUGÈNE SUE.

————

Mercredi.

Votre lettre me fend le cœur et m'inquiète, pauvre chère enfant, vous avez été malade pendant quatre jours, et vous ne me l'avez pas dit : Vous êtes encore souffrante d'un violent mal de tête. Je sais combien ces indispositions, si légères qu'elles soient, sont pénibles pour les organisations nerveuses comme la vôtre ; vous ne me dites pas si vous êtes encore alitée. De grâce, je vous en supplie, chère enfant, un petit mot, courrier par courrier, pour me rassurer tout à fait sur votre santé. Vous recevrez cette lettre demain jeudi ; si vous me répondez le même jour, j'aurai votre réponse vendredi. Je vous le demande encore, accordez-moi cette grâce, si vous imaginiez combien je vais m'inquiéter, étant moi-même souffrant, nerveux, agacé, attristé : je n'ai pas eu d'accès de fièvre hier, et je m'en espère délivré, et vous comprenez que dans cet état d'esprit je serais et suis très facile à m'alarmer sur votre santé. J'attribue mon malaise au temps orageux qu'il fait depuis deux jours, mais ce malaise ne jette pas moins un sombre reflet sur tout ce à

quoi je pense, et il n'est pas jusqu'aux chers
enchantements du *Rêve d'automne* et de Florence qui n'en soient obscurcis.

Quelle étrange chose que notre pauvre cervelle, que cette sujétion du moral au physique,
car au premier rayon de soleil, au premier
souffle d'air pur, elle se serait détendue,
désoppressée.

Vous me demandez, pauvre chère enfant, de
ne pas me moquer de votre lettre. C'est à moi
de vous faire la même prière pour la mienne,
qui prouve d'ailleurs, une fois de plus, notre
bizarre sympathie, qui se traduit plus que matériellement entre nous. Votre toute petite lettre, contenait pourtant une grande et belle et
bonne et adorable phrase relative à l'avenir.
Elle a été le rayon du soleil que je vous disais,
elle m'a bien allégé le cœur; merci mille fois,
tendre et bien-aimée enfant; des phrases pareilles, en disent plus qu'elles ne sont longues.
Adieu donc, et au 15 de ce mois. A ce sujet,
vous savez que pour moi c'est Ste-Marie tous
les jours où je vous vois, et que c'est fête pour
peu que je sois près de vous. Si donc, M. de
T... loge encore au chalet à cette époque, ne
vaudrait-il pas mieux retarder mon arrivée de
quelques jours; en tous cas je ferai selon que
vous le voudrez, bien chère Marie, et attendrai à ce sujet vos ordres; mais je vous le demande encore une fois, en grâce, répondez-moi
deux lignes seulement courrier par courrier,
au sujet de votre santé, car je vais être, je vous
l'assure, cruellement inquiet.

A demain, à vous tout et toujours.

Ne m'oubliez pas auprès M. de Talleyrand; mille choses aussi à M. Paillet, si vous le voyez, il vous apprécie beaucoup et telle que vous devez l'être, je l'en aime d'autant plus.

Eugène Sue.

La Haye, 56.

Au moment où j'allais vous répondre, ma chère amie, après avoir lu les deux lettres de P... qu'à mon avis il valait mieux ne pas écrire, afin de laisser oublier cette triste affaire, puisque je me chargeais, moi, de répondre plus tard avec développement par mes notices sur vous, je reçois le *National* qui, à mon grand regret, mais d'ailleurs sans qu'il y ait rien d'hostile pour vous, revient sur cette malheureuse *visite*.

Je vous envoie l'article, il a cela au moins d'opportun, qu'il vous donne un prétexte pour répondre, cette circonstance échéante. Je crois que vous pouvez écrire, et si vous avez foi en moi, en ma clairvoyance de ce que vous pouvez dire, vous écrirez la lettre dont je vous envoie un brouillon; la fin doit être à peu près la même que celle dont je vous avais envoyé le projet. Si vous l'avez conservée, ce que je n'ai pas fait, comparez les deux, vous et P... F..., et choisissez la version qui vous semblera la plus convenable. Mais, je vous en conjure, n'insistez plus sur cette malheureuse visite, glissez là-dessus comme sur des charbons ardents, vous avez eu la déplorable étourderie de vous excuser. Voilà ce qui a indisposé contre vous, et cela devait être ; quoique vous fassiez, quoique vous disiez à ce sujet, maintenant vous ne détruirez pas le mauvais effet ; voilà pourquoi j'ai si cruellement déploré votre lettre que je vous avais conjuré de ne pas envoyer. Mais le mal est fait, n'y pensons plus, qu'afin de ne pas retomber dans une faute pareille. Si vous voulez répondre, ne répondez que ce que je vous conseille d'écrire, et surtout par dignité pour vous, par dignité pour lui, par reconnaissance du profond dévouement, de l'attachement inaltérable qu'il a pour vous *quoique et malgré que*, n'allez pas suivre le conseil que P.... vous donne dans son admirable générosité. Cela ne convaincra personne, et vous couvrirait d'odieux vis-à-vis du public, qui n'ignore pas votre amitié pour lui. Bien que je sache l'incroyable et irrésistible influence que vous exercez sur lui, ménagez, respectez donc ce sentiment qu'il vous porte, que vous ressentez pour lui, et n'acceptez pas son offre de martyr. Bornez-vous à bien constater publiquement votre haine du bandit, haine dans laquelle vous n'avez jamais varié, et comptez sur moi pour le reste dans les limites du possible ; mais, je vous le répète, j'espère persuader ceux qui me liront que vous êtes une vaillante et loyale créature, *un honnête homme* enfin ; je ne toucherai à votre vie privée qu'autant qu'il faudra pour vous défendre de tant d'ignobles calomnies.

Ceci fait, chère enfant, cette dette de cœur et d'honneur payée, je me reposerai heureux de l'avoir acquittée, et j'ai bien besoin de repos, d'insensibilité, de néant.

Adieu en hâte; si vous voulez m'en croire, recopiez ma lettre, et envoyez-la moi sous enveloppe à l'adresse du *National*, je la lui enverrai directement. Adieu, car je désire que cette lettre parte aujourd'hui. A vous toujours.

Eugène Sue.

J'ai oublié de répondre à cette question de votre part : *Voulez-vous la dédicace de mes causeries ?* Pouvez-vous en douter, chère enfant, ne serai-je pas toujours mille et mille fois heureux de tout ce qui me prouve votre souvenir. Si vous le désirez, je demanderais à Mme Sand ou à Planche, de vous faire la préface: je vous engage vivement à profiter de l'offre qui ressort de la lettre de M. Buloz; la *Revue des Deux-Mondes* est l'état-major de la littérature française.

Eugène Sue.

Vous me comprendrez, Marie, et vous ne vous moquerez pas de moi; oui, vous avez et aurez toujours une grande part dans ma vie, vous êtes et vous serez ma dernière et ma meilleure affection quoiqu'il arrive, et dussiez-vous me dire demain : Adieu! Vous n'avez pas d'idée des souvenirs que j'ai déjà, et dont je vis

ici dans ma solitude, souvenirs de toutes sortes, et de ce que vous m'avez dit, et de ce que
je ne vous ai pas dit. Cela vous fait rire, mais
c'est qu'en effet, nous passons si bien notre
temps ensemble, que je vous ai pas quitté une
fois sans avoir encore une foule de choses à
vous dire, et sur vous et sur moi, et tout ceci,
dans mon isolement, me revient à la pensée
avec une incroyable lucidité. Est-ce à dire que
j'étais fait pour les affections de famille, et que
l'amitié que j'ai pour vous me donne plus de
joie que tous les amours de ma vie. Beaux raison-
nements, je me laisse prendre aux séduisants
mirages de cet automne... de cet hiver, passés
presque entièrement près de vous. Quels rêves,
quels ravissements me bercent ici, le soir,
dans ma solitude... Ah! qu'ils restent rêves ou
deviennent réalités, je leur aurai dû d'adora-
bles espérances. Une chose encore dans votre
lettre m'a frappé, savez-vous, c'est cette vérité
que ni vous ni moi nous ne sommes mesquins
à l'endroit des faits et des actes, notre tolé-
rance est absolue, parce qu'elle procède absolument de notre connaissance de nous-mêmes.
Ah! que d'amitiés qui sont des enfers devien-
draient des paradis si l'on savait faire abstraction de tout ce qu'il y a de puéril d'égoïste, d'é-
troit, dans la personnalité de l'homme, surtout
presque toujours inflexible en ce qu'il appelle
sa dignité, qui n'est que vanité de la pire
espèce. Tenez, Marie, ce qui me ravit encore, c'est qu'il ne peut y avoir (étant vous et
moi ce que nous sommes) ombre d'un pré-

texte à un refroidissement quelconque entre nous, parce que nous savons nous élever jusqu'à la confiance, et que, selon votre maxime favorite, « tout pardonner, ou plutôt tout excuser, c'est tout comprendre. » Encore un passage de votre lettre qui m'a frappé, et qui est plus vrai peut-être encore que vous ne le supposez, c'est que votre histoire est un peu la mienne, et il y a des coïncidences surprenantes dans nos deux destinées qui finissent par aboutir à un commun exil.

Les derniers mots que vous me dites à propos de notre ami, m'ont profondément affligé pour lui ; pourquoi ne peut-il vaincre cette malheureuse passion, il en a tant d'autres, et de si nobles, et de si charmantes à satisfaire. C'est un bon et noble cœur, digne du vôtre ; aimez-le toujours. C'est chose si rare que l'affection du *génie honnête homme.* Tâchez donc d'user de votre influence pour l'arracher à ce maudit tapis vert ; vous pouvez tout ce que vous voulez. Adieu, Marie, adieu bien tendrement, je me livre à toutes sortes d'adorations commémoratives pour votre charmant esprit, je me rappelle vos mots si fins, si pénétrants. . . . .

Merci de votre bonne et aimable lettre, ma bien chère amie, j'ai tardé à vous répondre parce que, depuis six jours je n'ai pu me lever. Je paye sans doute tribut au climat ; ma santé est redevenue aussi mauvaise qu'elle l'était à mon départ d'Annecy ; et je ne sais encore quand je retournerai en Savoie, j'ai trouvé ici,

aux archives des documents du plus haut intérêt pour ce qui doit terminer les *Mystères
du peuple*, et lorsque ma santé sera un peu
mieux raffermie, je travaillerai sans relâche
sur ces documents. Il se peut donc que je ne
vous revoie que cet hiver, si, comme vous m'en
avez instruit, vous le passez à Aix. Vous me
reprochez de la façon la plus gracieuse mon
absence au jour de votre fête.

EUGÈNE SUE.

Vendredi.

Mes amis de Chambéry m'écrivent qu'on
leur a dit que j'étais presque mourant d'une fièvre pernicieuse; de crainte, chère enfant, que
cette exagération ne parvienne jusqu'à vous, et
ne vous cause quelque inquiétude, je me hâte
de vous dire que ma fièvre, quoique très-violente, n'a rien de pernicieux, mon accès me
prend en froid, depuis cinq nuits, vers deux
heures du matin, puis une chaleur très-interne
lui succède au bout d'une heure environ, et
vers les quatre heures du matin, je peux prendre un peu de repos; cette agitation nocturne
me donne de violentes migraines durant le
jour, mais je lutte de toutes mes forces afin de
ne pas m'aliter. Joignez à cette fièvre l'ignorance où je suis de vos nouvelles, pauvre chère
enfant, quoique je me rassure un peu en vous
sachant bien entourée, et vous comprendrez
que je suis très-triste. Je me faisais une joie
de faire ce voyage de Florence, il me faut y

renoncer. Si je vous ai parlé ainsi dans ma dernière lettre, destinée à être montrée, si besoin était, c'est qu'il ne peut me venir à la pensée de vous rappeler sérieusement votre trop aimable promesse de subordonner le choix de votre résidence d'hiver à l'autorisation que vous ou moi obtiendrions de.....

Florence vous plaît, vous y avez des amis, votre famille ; vous avez fait vos projets de ménage avec votre mère ; mille raisons, enfin, veulent, pauvre chère enfant, que je vous rende votre parole ; quoique ma santé se remettrait peut-être plus promptement dans ce beau climat que partout ailleurs. Mes regrets sont et seront cruels, bien cruels, mais je dois subir les conséquences de l'engagement pris.

Si vous pouvez me donner ou me faire donner de vos nouvelles, vous me rendrez bien heureux, si même vous vouliez de moi sérieusement, pour quelque motif grave, j'irais vous voir pendant quelques heures, si abattu que je sois, mon accès ne me prenant que la nuit, j'ai la journée bonne. Mon médecin m'annonce le terme de ces accès comme prochain, en raison d'une énorme dose de quinine. Hélas ! le *Rêve d'automne* restera-t-il un rêve, je le crains. Adieu bien tendrement et tristement. A vous et toujours.

EUGÈNE SUE.

Voulez-vous, chère enfant, que nous prenions la loge en question avec Laya, je suis entré ce matin chez vous pour vous le demander, mais Françoise m'a dit que vous dormiez. Ce bon Laya est un excellent garçon, plein de cœur et de dévouement ; il m'a parlé avec un grand enthousiasme de vous, et il est aussi fort dévoué à Fazy, ce qui redouble ma sympathie pour lui. Faites-lui donc bon accueil, je vous prie, quand je vous l'amènerai tantôt, car il le mérite, et vous pourrez compter tout-à-fait sur lui quand vous le connaîtrez mieux. Il a pris le meilleur moyen de bien se rappeler à mon souvenir, en venant ce matin me faire l'éloge de ma charmante enfant, à laquelle il prétend avoir donné des leçons de dessin. Est-ce vrai ?

Un mot de réponse relativement à la loge, et tout à vous.

EUGÈNE SUE.

LETTRE AU SUJET D'UNE PAGE DE L'HISTOIRE DE MES LIVRES.

La Haye, 29 novembre 1856.

Enfin ! j'ai corrigé la dernière feuille et écrit le mot fin à mon travail, chère amie. Cette notice est devenue un véritable *livre*, dont la librairie de Bruxelles m'offrait un certain prix, mais je ne trafique point de ces choses-là, et la somme sera employée en propagande. L'éditeur, M. Dumont, m'a promis de vous en envoyer cinquante exemplaires que vous recevrez peut-être avant mon retour, quoique je me mette demain en route pour la Savoie. Mais la Suisse est si pénible à traverser, à cause des neiges en cette saison, que peut-être mon voyage durera plus longtemps que je ne le veux. En tout cas, je vous écrirai soit de Bâle, soit de Genève.

Mille fois merci de votre bonne et longue lettre ; excusez-moi de ne pas vous avoir répondu plus tôt, mais j'étais accablé de travail. *Notre* livre, d'abord, puis les lettres sur la *question religieuse*, que l'on réédite en brochure avec une préface de Quinet, puis enfin les *Mystères du peuple*, que j'achève ; puis, surtout, ma mauvaise santé, qui me rend le travail de plus en plus pénible. J'ai trouvé moyen de dire tout le bien que je pense de plusieurs de vos amis. Fazy, Ponsard, le général Klapka, Tourte, etc., trouveront leur petite place dans cette page de *l'Histoire de mes livres.* Puisse cette œuvre, écrite toute de cœur et de conviction, avoir le résultat que j'en attends ; en tout cas, ce n'est pas le bon vouloir qui m'aura manqué. Laissez-moi vous gronder de votre *pique* au sujet de ma recommandation de ne rien faire publier dans les journaux de Savoie avant la publication en Belgique. Je trouve tout simple, et je désire même que cet écrit ait toute la publicité possible, je ne l'ai fait que pour cela ; seulement ma recommandation n'avait en vue qu'une question d'opportunité. Adieu, bien chère et bien bonne amie, je me mets en route avec un certain malaise, vu la rigueur de la saison ; mais vous le voulez, vous m'avez menacé de faire le voyage vous-même, pauvre

chère enfant! Je le ferais plutôt sur la tête que
de vous le laisser faire. Je me reposerai quelques jours à Annecy, puis j'irai vous faire une
visite. J'espère vous envoyer avant mon départ, *les bonnes feuilles du tout* par la poste,
et à Bâle, puis à Genève, je vous donnerai de
mes nouvelles.

Adieu en hâte, car je suis au milieu de toutes
les horreurs d'un départ, à savoir les malles,
etc., sans compter un temps abominable, peu
engageant pour le voyage. Encore adieu.

Tout à vous, à vous et toujours.

EUGÈNE SUE.

Vendredi soir, février 1856.

Un bien grand chagrin m'attendait ici, chère
enfant. J'y trouve une lettre de L..., et il en
résulte que l'engagement que j'ai pris, loin
d'expirer au commencement de mars, est pro-
rogé jusqu'à la *fin d'avril*, et pourra être pro-
longé. Il en résulte pour moi l'impossibilité
de vous accompagner, ainsi que j'en avais si
longtemps conservé l'espoir. Peut-être même
la consolation qui me restait d'aller vous chercher, afin de me trouver près de vous le 7 mai,
me sera enlevée, quoique pourtant je ne re-
nonce pas encore à cette créance. Je ne puis
vous dire la peine que me cause ce renoncement, et je vous jure qu'un moment j'ai hésité
à remplir ainsi jusqu'au bout ce rigoureux devoir, mais la réflexion et la connaissance de vo-

tre caractère, qui sait tenir compte des sacrifices
au devoir, m'ont fait répondre à L... que l'on
pouvait toujours compter sur moi. Mon regret, en
ce qui me touche, est bien cruel, et c'est moins
relativement à vous, chère enfant, puisque votre ami T... pourra, m'avez-vous dit, vous accompagner. Combien je vous sais gré de m'a-
voir offert, accordé la préférence. Je lui ai dû de
bien bons moments. Nous nous connaissons
assez pour que, sans amour-propre, je fusse
persuadé que notre temps se passerait à merveille, puis la prolongation de cette vie intime
dont j'ai pris, hélas! la trop douce habitude,
me charmait pour mille raisons. A tout cela il
me faut renoncer. J'ai le cœur brisé. Vous allez
sans doute précipiter votre départ aussitôt après
l'arrivée de Ponsard. En ce cas, vous voyez
combien me sont chers et précieux les derniers
jours que d'ici à longtemps je pourrai passer
près de vous. Aussi, au risque d'être indiscret,
je vous demande si vous voulez de moi mardi
prochain. D'ici là je pourrai, je l'espère, à
force de travail de nuit et de jour s'il le faut,
me mettre en mesure d'avoir ma fable toute
charpentée pour pouvoir travailler à Genève. Je
vais me mettre tout à l'heure (il est 7 heures et
demie) après dîner au travail, et la certitude
aidant, de vous revoir dans trois ou quatre
jours, me sera une toute puissante excitation.
Ainsi donc, chère enfant, vous recevrez cette
lettre demain samedi. Ecrivez-moi de grâce un
seul mot de réponse courrier par courrier, afin
que je sache si vous voulez de moi mardi, car

vous savez ma terreur du mal-à-propos et je ne vous reviendrai sitôt, que si vous m'y engagez. D'ici là, je vais me mettre au travail ardemment. Ah! j'aurais besoin de m'abstraire ainsi pour oublier mon chagrin, quelle joie je me faisais de ce voyage avec vous, chère enfant! Vous me croyez, car vous savez combien j'aime *notre ménage*, ainsi que vous disiez gaîment et tendrement. Peut-être au moins pourrai-je avoir le bonheur d'aller vous chercher à Nice où à Florence, et être près de vous pour le 7 mai; mais, hélas! j'ose à peine me bercer de cet espoir, de crainte d'une nouvelle et amère déception. Adieu bien tendrement et bien tristement, adieu. Je revenais ici la joie dans l'âme, et me voici profondément attristé. Un mot de vous peut me consoler, c'est de me dire *si vous voulez de moi mardi*, et notez bien, chère enfant, que je vous fais cette demande, parce que je sais à merveille que vous avez, ainsi que moi, certains moments où vous préférez être seule. Je ne m'étonnerai donc nullement si vous me répondez que vous préférez ne me voir qu'à la fin de la semaine prochaine. Quoiqu'il en soit, à bientôt, ou plus tard. Croyez, chère enfant, que je n'oublierai jamais, oh! jamais, surtout les trois derniers jours que nous avons passés à Genève, car jamais vous ne m'avez donné de preuves plus touchantes de votre attachement et de votre estime.

A vous maintenant et toujours, et de tout cœur.   Eugène Sue.

Vous avez reçu, chère enfant, mon petit mot par le télégraphe. Je suis très-mal ce matin. Ah! si je pouvais me faire transporter à Aix, ce serait la guérison; et si le mal redoublait, au moins mourir près de vous; mais vous auriez la faiblesse d'en souffrir, je me sacrifierai.

EUGÈNE SUE.

J'ai envoyé ce matin de bonne heure à l'hôtel du Lac, personne n'est venu! Pauvre cher enfant, ce sera donc pour ce soir très-certainement. Disposez donc vos projets en conséquence. J'ai écris hier à M. Maunoir, et vous ferez sagement de rester au lit ou étendue sur votre canapé le plus longtemps possible. Je répète ce nouveau retard qui prolonge cette situation si péniblement tendue, mais ce soir, du moins, elle sera desserrée. Puissiez-vous avoir passé une bonne nuit. Faites-moi donner de vos nouvelles par Françoise.

A tantôt, et bon courage.

EUGÈNE SUE.

Un mot en hâte, chère enfant, afin de profiter du courrier pour vous envoyer votre réclamation insérée dans le *Journal de Genève* d'aujourd'hui. Quel temps affreux! Cette neige me désole, car elle vous empêchera sans doute de venir, mais je m'opposerais de toutes mes forces à un pareil voyage (c'est le mot), vous mettriez 4 à 5 heures pour venir d'Aix, et arriveriez ici perclue de froid.

Adieu, bien tendrement adieu. A vous toujours et de tout cœur. Le courrier part, je clos ma lettre. A vous encore.

Eugène Sue.

Cette lettre est navrante, chère enfant ; pauvre cœur, comme il a dû souffrir. Cicatrisez bien vite cette plaie douloureuse qui peut-être, sans cela, saignerait longtemps.

Conservez précieusement cette affection, vous n'en aurez jamais de plus dévouée, de plus noble, de plus *honorante*. Rien de plus juste que ce qu'il dit au sujet de votre prétendu *déclassement*. L'esprit de corps ne m'aveugle pas ; mais un esprit comme le sien, soutenu d'un caractère comme le sien, nonseulement égale, mais prime, et de très-haut, les noms les plus aristocratiques du monde. Bonjour, mon mal de tête a passé, quelle magicienne que la Fée Bonheur. A vous toujours.

Eugène Sue.

PS. J'irai bientôt mettre une carte chez *l'allemand*. Voulez-vous que j'ajoute sur ma carte que vous me priez de lui dire que vous êtes chez vous les lundis. Si c'est oui, envoyezmoi sa carte par Françoise, car j'ignore son adresse.

Mercredi, 21 novembre.

Je vous écris au hasard, et sans presque espérer que cette lettre vous parvienne, car vous ne me donnez pas d'adresse en me disant que je puis vous écrire une fois avant votre retour. L'incertitude où je suis au sujet de cette lettre, qui peut s'égarer, ou être lue par d'autres que vous, vous explique ma réserve. Je me borne donc à vous prier en grâce de m'écrire *si je dois aller vous chercher à Genève, ou si vous viendrez ici directement, et quel jour vous arriverez.* J'ai été dans des inquiétudes mortelles pendant ces huit derniers jours, et un pressentiment m'a fait présumer la cause du retard de votre arrivée lorsque j'ai appris la mort horrible de ce noble et vaillant Paillet [1]. Mes regrets se joignent aux vôtres, et je frémis du coup affreux que vous avez dû ressentir.

Adieu! Je me borne à ce peu de mots, parce que, encore une fois, il est presque sûr que cette lettre ne vous parviendra pas. S'il en était autrement, je vous demande en grâce de me répondre, courrier par courrier, un seul mot, mais qui me dise si je dois vous aller chercher à Genève ou vous attendre ici. Il est pour moi de la dernière importance (je ne puis vous écrire pourquoi) d'être fixé au sujet de votre arrivée.

Tout et toujours à vous.   Eugène Sue.

PS. Cette lettre partira demain 22. Elle vous arrivera le 24. Si vous me répondez le

_____

(1) Cette lettre m'a été écrite pendant que j'étais à Paris.

jour même, j'aurai votre réponse le 26 ou le 27 au plus tard.

———

Samedi.

Je me suis couché à *deux heures et demie* du matin, chère enfant, et je m'étais mis au travail à 9 heures, le cœur bien gros, bien attristé de cette pensée qu'il me fallait renoncer au *voyage*, puis peu à peu la fièvre du travail m'a pris, j'ai fini par m'abstraire avec mes pénibles pensées, par pouvoir me livrer tout-à-fait à la méditation de mon œuvre, soutenu, je vous l'assure, chère enfant bien-aimée, par cette pensée que de même que l'on dit : *qui travaille... prie*, je puis dire : *travailler... c'est vous aimer*, puisque vous prenez tant d'intérêt à mes œuvres, et que vous vous glorifiez de mes petits succès passés, et plus encore de ceux à venir, si succès il y a ; je me dis enfin que c'est à mon travail que j'ai dû votre bienveillance, et que c'est à lui que je devrai peut-être de la conserver, de la mériter longtemps encore. Les bonnes idées aidant, j'ai pu, après cinq heures de réflexions, de tâtonnements, semer à peu près ma fable, et, après un sommeil profond causé par la contention d'esprit, je me lève le cerveau reposé, prêt à reprendre ma tâche avec ardeur. Quelle singulière réaction (pour moi du moins) des objets extérieurs et des habitudes matérielles sur les évolutions de la pensée... J'ai fait en quelques heures ce que j'avais en vain tenté de faire à Genève depuis près d'un mois. Ce calme profond, la vue de ce pauvre cabinet, à laquelle mes yeux sont habitués, ma lampe, que vous dirai-je, jusqu'aux légères distractions causées par les caresses de ma petite chienne, qui, toute joyeuse de me revoir, a vingt fois sauté sur mes genoux pour me lécher les mains, enfin le sentiment du *chez soi*, je pourrais dire du *chez nous* depuis que vous êtes venue ici, tout cela a réagi puissamment sur ma pauvre cervelle, et je suis content de ma nuit, d'autant plus content qu'elle me présage une suite non interrompue d'heures laborieuses et fécondes, qui me permettront de hâter mon retour près de vous ; si vous voulez de moi mardi, et j'espère pouvoir aussi vous apporter de quoi lire. Je ne vous cache pas cependant qu'en ce moment, où je ne suis pas sous l'objurgation du travail, je me sens profondément attristé en songeant au renoncement du cher voyage, je pouvais vous être bon à quelque chose ; j'entrevoyais de longs jours passés près de vous, *tout à vous*, et à cette heure ce doux et charmant songe s'évanouit... me laissant seulement l'incertain espoir d'aller vous rejoindre à la fin d'avril, et peut-être fêter de cœur et d'âme l'anniversaire du 7 *mai*. J'ai même à ce sujet une idée que je vais, ce matin même, communiquer à L. R. et à M. Mais c'est si loin... et que d'événements peut-être se passeront d'ici là, et qui sait si nous ne fêterons pas en France le 7 *mai !* Je reçois une lettre de *** qui me dit que : *chose extraordinaire, malgré la certitude de la paix, jamais, depuis le 2* *décembre, on n'avait ressenti les vagues inquiétudes que l'on éprouve à cette heure, et dont l'une des causes est l'attitude des écoles* (je cite textuellement). Je ne vous en dis pas davantage, mais vous comprendrez suffisamment la conclusion de la lettre de *** avec l'impossibilité où je suis de partir. Ce qui me rend le sacrifice moins pénible peut-être, c'est la pensée qu'en définitive sa *cause* vous intéresse autant que moi. Plaignez-moi, plaignez-moi, pauvre chère enfant bien-aimée! vous m'avez dit quelquefois que je vous *étais bon dans l'intimité*. Ces journées, si précieuses à mon souvenir, que nous avons passées ici, dans cette maison, qui me devient si chère à tant de titres, m'étaient un sûr garant du ravissement de ce voyage. Et puis enfin, quoique vous disiez, je suis l'homme du 6 février, maintenant (de grâce n'oubliez pas mon petit dessin, je vous jure que je le *mérite)*, oui! et je vous le prouverai en vous disant, quand je vous reverrai, ce que je n'ai pas voulu vous dire en vous quittant, de peur de voir la chère enfant accueillir mes paroles avec un de ses fins sourires d'incrédulité. Oui, je vous le répète ici, même privé de tout ce qu'il y a de tendre, de réconfortant dans votre présence, je suis, je me sens *tel que je dois être*. La solitude a eu cela de bon qu'elle m'a mis face à face avec moi-même, et hier durant la route, j'ai fini d'accomplir ce travail de réaction sur mon *illogisme*.

Adieu donc, chère enfant bien-aimée; oui!

ainsi que je vous l'ai répondu hier en vous quittant, vous êtes, quand même, ce que j'ai le plus aimé, ce que j'aimerai le plus en ce monde. Ne tardez pas trop à me répondre. Vos lettres me sont doublement nécessaires. Dites-moi si vous voulez de moi mardi, sinon j'attendrai vos ordres, et je vous arriverai aussi heureux, aussi ravi, quel que soit le terme que vous fixiez à mon retour. Mais songez, hélas! que les joies, les heures qui me restent à passer auprès de vous avant votre départ me seront doublement chères.

Encore adieu, bien tendrement adieu. Je vous aime comme je dois vous aimer. Pardonnez-moi les chagrins que je vous ai causés, au nom du sentiment dont ils proviennent. Encore adieu, tout et toujours à vous. C. et F. *adesso e sempre.*

Eugène Sue.

Dimanche soir.

J'avais longuement répondu vendredi soir, et courrier par courrier, à votre bonne et loyale lettre d'explications, chère enfant, espérant recevoir un mot de vous aujourd'hui, m'apprenant si j'ai bien lu votre lettre et si vous me dites : Voulez-vous de moi mercredi? Peut-être y aura-t-il eu retard à la poste ou du courrier. J'attends donc ou vous ou votre réponse demain lundi, et si je ne la reçois pas, de grâce, un mot mardi, courrier par courrier, puisque vous recevrez celle-ci demain lundi vers les cinq heures. Je ne saurais vous dire avec quelle impatience j'attends votre lettre, qui me dira si j'ai en effet bien lu, et si, malgré cette neige de Sibérie, je puis compter de vous voir cette semaine. Quelle joie dans ma pauvre maison! quelle fête dans mon pauvre cœur, dont vous ne soupçonnerez plus la tristesse, je vous le jure, dissimulation bien facile, au reste, je serai si heureux de vous avoir ici, chez moi.

Adieu à vous, en hâte, un mot, un mot au plus tard mardi, et, pour plus de sûreté par le télégraphe électrique, s'il joue encore malgré la fermeture du Casino.

A vous de toute âme, et de tout cœur, et toujours.

Eugène Sue.

18 mai.

Ma chère enfant,

Je vais mieux, et suis au moment de mon départ. Le voyage que je vous ai annoncé à votre passage à Annecy est pour moi pour toutes raisons indispensable. Je n'ai pas vu ma sœur depuis trois ans, et elle viendra passer une quinzaine de jours avec moi, soit à Bâle, soit à Francfort, où l'on est à 15 heures de Paris. Ensuite je m'acheminerai par le Rhin ou les chemins de fer allemands jusqu'en Hollande, où je verrai Charras, puis je m'embarquerai pour l'Angleterre. J'avais demandé à passer par la Belgique, on m'a formellement refusé cette autorisation. Je ne sais donc à quelle époque de l'année je serai de retour en Savoie, et si j'y reviendrai même cette année. J'y ai trop souffert de toutes ces calomnies, vous aussi, je ne m'en consolerais jamais, ma santé est trop altérée pour que j'aie grande hâte d'y revenir. Conservez-moi toujours votre amitié ; j'y tiens, parce que je la mérite.

Je ne peux, non plus que vous, confier aux hasards de la poste mille choses que j'aurais à vous dire. Seulement, croyez-moi, vous vous trompez. Je pourrais aussi, pièces en mains, vous le démontrer. Mais maintenant, à quoi bon tout ceci. J'apprends avec plaisir que vous rentrez dans le monde et qu'on vous y accueille à ravir. Vous savez que toujours je vous ai engagé à vous *montrer*, afin de faire tomber tant d'odieuses ou absurdes calomnies, qui disparaissent d'elles-mêmes lorsque l'on vous connaît et que l'on vous apprécie.

Je vous envoie une lettre pour Mme de P... Lisez-la et cachetez-là. Je suis horriblement fatigué, moralement et physiquement. Cette rechute, plus grave peut-être que la maladie, m'a brisé. Je compte sur le voyage, et surtout sur la présence de ma sœur pour me remettre et calmer de tant d'amertumes passées. Si vous me répondiez, écrivez-moi ici, poste restante, et je dirai au moment de partir (le 26 ou 28 au plus tard) où il faudra m'adresser mes lettres. J'attends la réponse de ma sœur pour savoir si elle viendra à Bâle ou à Francfort.

Adieu, chère enfant, je conserve et conserverai toujours le meilleur souvenir de votre amitié, et vous pourrez toujours compter sur la

mienne. Vous ne m'avez pas reparlé de la biographie, ni envoyé ce que je vous demandais
pour l'écrire, d'où j'ai conclu qu'il ne vous
agréait pas que je la fasse. Si vous changiez
d'idée, je suis et serai toujours très-heureux de
dire tout haut tout le bien que je pense et que
je sais de vous.

Tout et bien à vous,

EUGÈNE SUE.

Annecy, dimanche.

Nos lettres se sont croisées, bien chère enfant;
hier j'ai mis à la poste *Une page de l'histoire*
et l'autorisation pour le libraire. Je vous enverrai
demain bien empaquetés vos manuscrits et vos
anciennes biographies par la diligence. Le ministre américain fait sans doute allusion à une
demande adressée par moi, il y a deux ans, à
lui ou à son prédécesseur; voici la chose. Ensuite d'une tournée dans le canton de Neuchâ-
tel entreprise avec Flocon, nous avons tous
deux été expulsés du canton de Genève, et me-
nacés d'expulsion (moi) des Etats-Sardes à la
demande du gouvernement de ce bandit. Dans
cette alternative, et craignant que le ministère
sarde ne prît la mesure dont on le sollicitait, je
me suis souvenu qu'en 1848 j'avais reçu de
l'Etat de New-York une preuve très-flatteuse de
sympathie. La société littéraire ou académie
me recevant l'un de ses membres étrangers,
l'on m'avait assuré (c'était là mon erreur)
que cette nomination équivalait au droit de cité

7

honoraire dans l'Etat de New-York. J'ai écrit
dans ce sens au ministre américain, il m'a répondu très-obligeamment en me faisant remar-
quer que j'étais mal informé. Je me le suis
tenu pour dit, et la demande d'expulsion des
Etats-Sardes n'ayant pas eu de suite, l'affaire
en est restée là, ainsi je suppose que le ministre américain ne vous a fait cette communica-
tion que pour mémoire. J'aurais regretté dans
le temps qu'il crût que je voulais me parer
d'un titre que je ne possédais pas, celui de citoyen américain. Cette créance de ma part
était, je vous le répète, le fruit d'une erreur.
Dites-le lui si vous le voyez de ma part.

Recommandez bien au libraire, et pour vous
et pour moi, de ne rien changer au titre de
l'ouvrage. Je crains toujours les fanfares ita-
liennes ; j'ai choisi le titre en question parce
qu'il me semblait de tous points le plus convenable à *notre* œuvre, chère enfant, car vous y
êtes pour beaucoup, puisque votre bon et loyal
cœur, votre bienveillance et votre charmant
esprit, ont fait presque tous les frais du livre.
Je l'engagerais seulement à ne pas imiter la
justification belge. Elle me semble trop com-
pacte et l'on pourrait faire un joli volume de
vingt feuilles avec ces dix feuilles très-char-
gées, soumettez-lui cette idée. J'ai oublié, dans
les conditions, de parler d'une douzaine d'exemplaires pour moi, Il n'y verra pas d'inconvé-
nient, sans doute.

Je suis toujours très-triste, cette pauvre
créature est toujours à l'agonie. Elle a passé

la nuit contre toute espérance, et le médecin me disait ce matin que si elle passait
la journée, ce serait un miracle. Ce malheureux
Jean, très-bonhomme, pleure toutes ses larmes, car il était très-attaché à cette brave fille,
et je crains qu'il ne tombe malade. Je ne me
sens pas moi-même très-vaillant, et peut-être,
à mon grand regret, me déciderai-je à aller
quelques jours à l'hôtel de Genève, à Annecy,
malgré mon horreur pour les auberges ; moi
qui croyais enfin me reposer de tant de voyages, et jouir paisiblement de mon *chez moi*.

Excusez, chère enfant, ces détails de ménage,
mais vous comprendrez le tracas que tout cela
me cause dans ma solitude. Si vous voyez
Mme So....., rappelez-moi à son souvenir.
Enfin, chère enfant, mettez toute la réserve
possible dans ces relations, si elles sont de
nature à risquer de vous déconsidérer. Vous
devez être surtout très-exclusive dans le choix
de la société féminine, et plus elle est *collet-*
monté, plus, selon moi, elle doit vous convenir
non que ce soit très-amusant, mais, dans votre position exceptionnelle, c'est nécessaire.

EUGÈNE SUE.

Francfort, 16 juillet.

Je vous ai écrit, il y a quatre jours, une lettre chargée, ma chère amie, je n'ai pas reçu de
réponse et ne m'en étonne pas, vu la longueur
du trajet. Je pars ce soir pour Cologne avec ma
pauvre sœur, encore bien souffrante, et je la

mettrai directement en route pour Paris. De
là je me rendrais à La Haye, une lettre de
Ch..., que je reçois à l'instant, et relative au
voyage que je dois faire avec lui, ne me permet
plus de vous donner une date fixe pour mon
retour. Peut-être serai-je revenu avant la fin du
mois, mais peut-être serai-je retenu jusque
vers la moitié d'août ; cette incertitude m'engage, après mûres réflexions, à vous prier
d'envoyer à son adresse la lettre ci-jointe après
en avoir pris connaissance. Et, à ce sujet, si
vous en croyez mon amitié, vous ne vous com-
mettrez en quoi que ce soit, ni verbalement, ni
par écrit avec cet homme. Mille raisons qu'il
m'est impossible de dire ici m'engagent à
vous donner ce conseil, il est sage et conforme
aux exigences de votre dignité personnelle. La
lettre que je vous envoie suffira à tout, et pour
le présent et pour l'avenir, en là quelque circonstance qui se présente, votre nom ni celui
de P... ne sera pas prononcé.

Je ne saurais vous dire combien je souffre
moralement. Cette visite de ma pauvre sœur,
que j'attendais depuis six mois avec une si
vive impatience, a été empoisonnée par un res-
sentiment que vous devez concevoir.

Serrez bien pour moi la main à Pomereu,
c'est le plus noble et le meilleur cœur que je
connaisse.

Adieu, bien affectueusement adieu, je ne vous
reverrai pas sans doute de longtemps. Conser-
vezmoi un bon souvenir. Répondez-moi, s'il se
peut, courrier par courrier à La Haye, Pays-

Bays, poste-restante, votre lettre m'y trouvera
sans doute encore, sinon elle me suivra. Encore
adieu, et tout à vous.

EUGÈNE SUE.

Jeudi.

Pas encore de nouvelles de vous, chère enfant, j'aime à croire qu'elles sont bonnes et
que votre silence n'est que de l'oubli ; j'espère
aussi que notre ami est près de vous, c'est
cette croyance qui m'a empêché de répondre à
une bonne et cordiale lettre que j'ai reçue de
lui, dites-le lui s'il est près de vous. Je suis
toujours très-triste, très-nerveux, j'ai un peu
de fièvre d'excitation, et je ne me soucierais pas
de ces niaiseries si je ne croyais parfois aux
pressentiments en ce qui vous touche, et qui
tant de fois se sont réalisés. Je vous le demande, en grâce, si vous le pouvez, donnez-
moi deux mots de vos nouvelles, vous devez
comprendre combien est grande mon inquiétude. Et comme je crains, non sans raisons,
que mon dernier voyage *impromptu*, vous ait
contrarié, je ne le recommencerai que si j'étais
poussé à bout par l'anxiété, et encore vous
ne me verriez pas. Je m'informerais de vos
nouvelles et je repartirais de suite. C'est ce
que je voulais faire samedi, mais P.... m'en a
empêché; j'ai eu tort de l'écouter. Enfin, chère
enfant, si j'ai péché, pardonnez-le moi, c'est
par excès d'attachement, mais je sais qu'il n'y

a souvent rien de plus mal-à-propos que les excès, et le mot de M. de Talleyrand, *pas de zèle*, est plus applicable à beaucoup de choses que l'on ne le pense. Au risque de vous agacer, je vous recommande instamment si le temps est beau, de faire quelque promenade, ne fût-ce qu'en voiture. Je vous en prie instamment, chère enfant, vous verrez combien cela vous fera de bien. Adieu, toujours tristement, ma plume me brûle les doigts, car je ne sais si mes lettres vous seront ou non agréables, et dans la disposition d'esprit où vous êtes peut-être, un rien contrarie ou fatigue. Adieu donc, bien chère enfant, car je crains de vous fatiguer, même dans une bonne intention. Si vous me répondez, je saurai, du moins à quoi m'en tenir, sinon je vous écrirai toujours quelques lignes chaque jour, en manière de bonjour. Mais si votre silence, pour une cause ou une autre doit encore se prolonger, priez de grâce l'un de nos amis qui sont près de vous de m'écrire un mot et de me dire comment vous êtes. Adieu bien tendrement, bien tristement; à vous toujours, quand même vous le savez. Je vous baise les mains.

EUGÈNE SUE.

Vous verrez dans la *Presse*, chère enfant, marqué à l'encre, un alinéa confirmant ce que je vous ait dit du *mariage*. Cela m'attriste d'autant plus que je n'ai pas de nouvelles depuis avant-hier, et cela augmente mon inquié-

tude. Ah! je sens souvent d'atroces bouillonne-
ments de haine et de rage en songeant à tout
ceci, et comme on dit : *j'y vois rouge*. Lisez,
pauvre enfant, la lettre ci-jointe, elle offre un
des mille exemples de misère inouïe, de persé-
cution infâme, si fréquentes en ces misérables
temps. Le signataire est un parfait honnête
homme, j'en réponds. Je lui ai répondu ce matin en lui envoyant un secours et une lettre pour
quelqu'un de Genève qui, peut-être, pourra
l'aider. Remarquez ce que le vice-consul dit du
département de l'Allier. Rapprochez ceci de
tout ce que je vous ai dit, et jugez combien, en
de telles occurrences, votre voyage pourrait
être pour vous dangereux, sans utilité, car je
sais combien vous êtes vaillante, et ne vous
dissuaderais pas de cette pensée si elle pouvait avoir quelque résultat. Pardon, bien chère
enfant, de cette triste lettre ; merci encore,
merci toujours pour cette bonne fin de journée
d'hier, j'aime à revenir, à m'appesantir sur les
mouvements du cœur, si chaleureux et si charmants chez vous, car je ne saurais vous exprimer le bonheur qu'ils me causent. Adieu bien
tendrement, à tantôt. Je vous aime... je vous
aime affectueusement et respectueusement. A
vous toujours.

Eugène Sue.

Annecy, 29 mai.

Ne sachant au juste où vous écrire, je vous
adresse ce mot au hasard.

Une grave indisposition de mon beau-frère retarde le rendez-vous que ma sœur m'avait donné à Francfort.

Je resterai probablement ici jusqu'au 12 ou 15 juin, et vous verrai si vous êtes de retour à cette époque. Mille amitiés.

E. S.

La Haye, 4 août.

Ma chère enfant, je reçois votre lettre en même temps que celle de notre ami (touchante et noble lettre s'il en fut), à mon retour de B... où j'étais allé, vous le pensez bien, dans le plus scrupuleux *incognito*. . . . .

Telles ont été les causes de mon départ, de mon séjour ici, à B... et à L..., où je suis obligé d'aller très-prochainement passer quatre ou cinq jours au plus. Je ne puis vous écrire à cause de la poste le sujet de ces périgrinations, mais vous dire pour le moment que si vous m'avez parfois finement raillé sur mon caractère trop conciliant, ce défaut me paraît en ce moment presque une qualité, si j'en juge d'après les résultats de l'œuvre dont je suis chargé et que j'espère compléter à L... J'ai eu de bien grandes difficultés à vaincre, mais j'en suis venu à peu près à bout. J'entre dans ces détails afin de vous expliquer la prolongation de mon absence. Vous me devinez sans doute, et comprenez l'impossibilité morale où je suis de revenir immédiatement en Savoie, si j'y dois revenir, pour l'une des *trois seules solutions possibles*. Notre ami m'a écrit une

longue lettre dont j'ai été profondément ému,
et à laquelle je réponds aujourd'hui, le priant
de vous communiquer ma réponse et d'avi-
ser, vous et lui, à laquelle des trois solutions vous me consultez de m'arrêter. S'il ne
s'agissait que de moi seul, j'aurais suivi ma
première pensée, à laquelle vous vous étiez opposés en n'envoyant pas ma lettre, mais les
observations de notre ami m'ont fait réfléchir,
et ainsi que je lui dis, je crois de mon devoir
de subordonner en cette circonstance ma déci-
sion à la sienne et aux vôtres, si la solution à
laquelle vous vous arrêterez n'exige pas impé-
rieusement mon retour en Savoie. (Je pars très-
prochainement pour L... et serai à A... le dix
ou le douze au plus tard, à peu près le temps
de recevoir votre réponse que je trouverai ici,
à La Haye). Je suis résolu à passer quelques
mois en Allemagne, non que je regrette chaque
jour et péniblement ce pays, qui était pour moi
ma seconde patrie, mais parce que je crois que
c'est le seul moyen de mettre à néant ces
odieuses calomnies dont vous m'avez parlé et
dont nous avons tant souffert, et que mon âge,
âge, l'évidence de nos relations ne devait
pas même laisser admettre. C'est, croyez-le,
chère enfant, un bien grand et pénible sacrifice
que je m'imposerais, car, comme la vôtre, en
cela, ma vie est brisée par ces calomnies inces-
santes, votre bonne et cordiale affection, les
mutuelles confidences sur nos travaux, cette
intimité, coupée de solitude, était ma plus
douce, ma plus chère consolation dans l'exil.

Toutes ces calomnies ont empoisonné mon voyage, et jusqu'à un bonheur que je me promettais de la visite de ma pauvre sœur. Il a fallu l'autre cause de mon voyage, le devoir, pour m'abstenir de si pénibles préoccupations. Dites à notre ami que jamais l'honneur, l'affection sainte et dévouée jusqu'à la fin, n'ont porté plus digne langage que le sien. Le temps qu'il faut à cette lettre pour vous parvenir et celui que mettra votre réponse à m'arriver équivaudra, à peu de chose près, à la durée de mon absence, et je retrouverai ici votre lettre qu'il ne faut pas faire suivre, car je vais à L... aussi *incognito* qu'à B... Adieu donc, bien chère enfant, c'est à moi de vous demander pardon d'avoir, hélas! été sinon la cause, du moins le prétexte de tant de calomnies dont quelques-unes m'ont mis hors de moi!

. . . . , ...

Adieu donc, merci mille fois, merci de votre assurance de me conserver votre affection je le mérite. Je l'ai toujours mérité, croyez-le bien, et surtout je ne l'ai jamais démérité.

Mille amitiés bien dévouées. Serrez pour moi la main à Pomereu, et croyez-moi toujours bien à vous.

Eugène Sue.

---

8 janvier, 1857.

Je vous écris bien tristement, chère enfant, d'une maison *quasi mortuaire*. Cette pauvre servante est à l'agonie, on vient de l'administrer, les médecins ne comptent pas qu'elle passera la journée, cette fièvre typhoïde a été très-intense; je n'en ai pas ressenti jusqu'à présent l'influence, et il est à croire qu'elle ne m'atteindra pas. Cette neige qui tombe avec abondance; ce cercueil qui va sortir de ma pauvre maison, les larmes de ce brave Jean qui regrette beaucoup cette pauvre créature, tout cela est triste... triste... et j'éprouve une double consolation en vous écrivant, et plus encore en vous envoyant la fin de mon travail et l'autorisation de publication pour les librairies sarde et suisse. Si vous avez là-bas quelque ami un peu au courant des affaires, priez-le d'obtenir du libraire une *contre-lettre* qui approuve les conditions auxquelles j'autorise la publication. Il va de soi que s'il désire publier 5000 exemplaires au lieu de 2000 ou 3000, j'y consens. L'importance est que ce petit livre obtienne le plus de publicité qui se pourra. Aussi me suis-je réservé le droit de faire publier partie du livre dans un journal de Savoie, le *Moniteur savoisien*; donc, bien chère enfant, si vous trouvez un libraire, donnez tout de suite à l'impression les bonnes feuilles que vous possédez, celles que je vous envoie aujourd'hui complètent l'œuvre. Il y aura tant de retards, tant de formalités douanières dans l'introduction en Piémont de l'édition belge, que cela retarderait beaucoup l'édition sarde. En tous cas, dès que j'aurais reçu un exemplaire ou deux complets de Belgique, je vous les enverrai où vous serez, si vous quittez Turin avant la publication de l'édition sarde. Et maintenant, bien chère enfant, si vous le savez, dites-moi quels sont vos projets. Je regrette cruellement de ne pas vous avoir souhaité le nouvel-an. A propos, l'écran que vous m'avez permis de vous offrir est arrivé, ainsi qu'un grand porte-feuille très-simple, mais très-solide et où vous pourrez placer en toute sécurité vos manuscrits. Je garderai l'écran jusqu'à mon retour, mais voulez-vous que je vous envoie le porte-feuille à Turin ou ailleurs, ce ne sera pas un gros volume. Adieu, chère enfant, mille et mille tendres remercîments pour la dernière journée que vous m'avez consacrée à Aix, et dont je garde un bien bon et bien doux souvenir, chère enfant; je ferai ce que vous désirez pour Mlle Herminie dans l'édition sarde ou dans la genevoise. Dites-lui que je me souviens toujours de votre excellente musique, à toutes deux. Adieu, bien tendrement adieu, donnez-moi de vos nouvelles le plus tôt possible, et surtout dites-moi ce que vons décidez pour votre voyage. Tout et toujours à vous.   EUGÈNE SUE.

CINQ JOURS AVANT SA MORT.

Mardi 25 juillet.

Combien je suis touché, chère enfant, de votre persistance à me voir, et je n'oublierai jamais cette preuve de bonne amitié; mais je suis dans un tel état de surexcitation fiévreuse,

que les quelques mots échangés avec notre ami
P. m'ont ébranlé si douloureusement le cerveau que j'ai eu peine à me calmer. L'on m'a
ordonné aujourd'hui plusieurs prises d'eméti-
que qui doivent me faire vomir presque d'heure
en heure. Jugez, pauvre amie, s'il m'est possible de vous inviter à assister à un pareil tableau, sans parler de l'excessive agitation que
me causerait votre présence. Je vous le demande donc en grâce et les larmes aux yeux,
pardonnez-moi de profiter si mal de votre
bonne amitié, mais, quoiqu'ayant passé une
meilleure nuit, je suis si nerveux, si agité par
cet émétique que j'ai convenu de prendre, si
épuisé déjà par les vomissements, que je vous
ferais trop triste visage. Je vous promets de
vous écrire un mot chaque jour, et si ma maladie s'aggravait de vous le dire ; mais, je vous
le demande en grâce pour votre santé, ne restez
pas plus longtemps ici avec ces chaleurs, et
dans une chambre d'auberge. Que vous êtes
bonne pour moi, excellente amie, je ne l'oublierai jamais, croyez-le bien...

Adieu, ma main tremble si fort que je ne
puis continuer. Mille amitiés et reconnaissance
éternelle de votre bonne visite.

EUGÈNE SUE.

---

20 juillet 1357.

Mille remercîments, bien chère amie, de vo-
tre petit mot pour Mme de Pl., et cependant je
vous le renvoie. Il me faut mettre de nouveau

votre obligeance à l'épreuve. Le papier que je vous demandais n'est pas celui où sont imprimées vos *armes*, mais vos initiales M. B. W. en lettres dorées, si je m'en souviens. C'est l'élégance de ces lettres qui a frappé Mme de Plaisance et voilà ce qu'elle m'a demandé. Si vous avez un feuillet de ce papier, soyez donc assez bonne pour me l'envoyer avec ces quelques lignes très amicales dont je vous remercie, sinon, renvoyez-le moi, et je pourrai toujours prouver à Mme de Pl. que je me suis occupé de sa commission auprès de vous. Je suis enchanté que mon livre vous ait plu et que Ponsard en soit content. A propos de lui, voulez-vous le prier de m'envoyer un quatrain ou deux lignes de son écriture pour un *album*, je suis relancé depuis deux mois par un ami de Marseille (mon parent) pour cet autographe. Priez donc P. d'avoir l'obligeance de le joindre à votre lettre. La couardise de ce Pe.... me désole pour vous et aussi pour moi, car je tenais beaucoup à avoir quelques exemplaires du livre. Vous savez qu'ici ils ont aussi peur du clergé. En ce cas, *j'écrirais à Dumont qu'il aurait avantage à faire une nouvelle édition.* . . . . .

Certainement je verrai peu ou pas du tout cette diablesse de femme, qui est méchante comme un âne rouge, et si je ne puis éviter une visite en raison de nos anciens rapports, elle sera bien fine si elle me ratrappe. Il vous serait, je crois, difficile d'échapper à cette corvée, mais tenez-vous avec elle sur une réserve extrême.

Je suis ravi de votre correspondance avec
Schœlcher. Je lui ai écrit dernièrement, ainsi
qu'à Labrousse et à Laussédat, pour les re-
remercier du bon accueil qu'ils vous ont fait.
Un petit mot de vous à chacun d'eux serait
un aimable procédé de votre part, et ils seraient très-sensibles à ce souvenir. Faites-le,
croyez-moi, et aussi un mot à Louis Blanc
et à Félix Pyat. Donnez-moi le plus tôt possible l'adresse de ces deux derniers, car je
veux aussi leur écrire, et je ne l'ai point fait
jusqu'à présent, faute de leur adresse.

Je compte bien certainement aller vous voir
au plus tard à la fin de la semaine prochaine.
Je vous arriverai vers une heure et je repartirai
à 6 ou 7 heures, car je suis vraiment très-souf-
frant et très en idées noires, ce qui me rend
plus sauvage que jamais.

Adieu, bien chère et excellente amie. Tout
et toujours à vous.   EUGÈNE SUE.

Annecy, 7 janvier.

Un mot en hâte, bien chère enfant. Si je
vous savais moins occupée, moins entourée, je
serais inquiet de votre long silence, mais je
connais ma *dona Juana* sur le bout du doigt.
Je vous envoie ci-joint la lettre de l'éditeur de
Bruxelles. La publicité de notre petit livre me
paraît bien marcher, c'est tout ce que je dési-
rais. Or, et dans le cas *seulement*, je vous le
répète, où le libraire sarde ne *donnerait pas
sérieusement suite à ces propositions*, re-

demandez-lui mon pouvoir, *sinon laissez-le lui* et faites-le se hâter. Je m'arrangerai toujours bien avec l'éditeur belge, qui du reste s'est montré de la plus extrême obligeance en tout ceci. Je n'ai pas encore reçu les exemplaires qu'il m'annonce. Si j'en reçois *où faut-il vous les adresser ?*

Un mot de réponse à tout ceci, de grâce, courrier par courrier. Je vous aime toujours, cela va de soi. Vous n'en doutez pas, je l'espère.

Eugène Sue.

J'oubliais de vous dire que je ne vous ai pas abonnée pour un an au *National,* parce qu'à mon avis, surtout après les lettres que je vous ai confiées, que je vous prie de ne pas perdre, il serait d'un bon effet que vous vous abonnassiez vous-même, et peut-être qu'après l'insertion de votre dernière lettre vous écrivissiez deux lignes *personnelles* au rédacteur en chef pour le remercier de son obligeance en cette circonstance, ainsi ceci ou l'équivalent :

« Je tiens à vous remercier particulièrement, Monsieur, de l'impartialité avec laquelle vous avez bien voulu accueillir mes réclamations. J'ai été très-sensible à cette preuve de courtoisie et de loyauté ; je ne l'oublierai pas, croyez-le, Monsieur, et recevez l'assurance etc., etc., »

Je connais ce qui est, et ce billet, outre qu'il est juste, sera très-agréable à celui qui le recevra, et qui, vous l'avez vu, vous est devenu très-sympathique. Adressez-moi votre lettre si vous croyez opportun de l'écrire; je la ferai parvenir.

EUGÈNE SUE.

Annecy, hôtel de Genève, vendredi 3 juin.

Je vous avais écrit hier, chère enfant, vous croyant encore à Turin, et presque inquiet de ne pas recevoir de vos nouvelles. La lettre contenant la fin des bonnes feuilles a été mise à la poste par Jean, mais je m'explique que son volume et la transparence du papier auront fait deviner à la police lombarde le contenu de l'enveloppe, et que la lettre aura été interceptée si elle vous a été adressée à Milan. L'autre lettre contenant le pouvoir a été mise aussi exactement, et, à ce propos, dans ma lettre d'hier je vous envoyais une lettre de l'éditeur de Belgique, me suppliant de ne pas donner, de trois mois au moins, l'autorisation d'une édition sarde en français, cela pouvant nuire à la sienne, qui s'est déjà vendue à 2000 exemplaires, sans compter la revue. Je vous écrivais que malgré la demande de M. Dumont je ne retirais pas mon *pouvoir* pour la publication sarde, dans le cas où celle-ci eût été en voie d'exécution ou que le libraire eût consenti à la publier, mais que s'il en était autrement, et vu la parfaite obligeance du libraire belge en cette occasion, je vous prierais de ne pas user du *pouvoir* quant à présent, afin de laisser l'édition de Belgique se placer, puis que plus tard nous

songerions à l'édition sarde et à la genevoise.
Ainsi donc, chère enfant, puisque vous n'avez
pas reçu les pouvoirs, n'en usez pas quand vous
les recevrez. Si cependant, dans l'intervalle de
ma réponse à votre lettre, vous aviez reçu ces
pouvoirs et que vous en ayez usé, ne les retirez
pas, je m'arrangerai toujours bien avec la Belgique. Un mot de réponse à ce sujet, en grâce,
courrier par courrier. Pardon, chère et bonne
amie, de cette longue digression d'*affaires*,
mais vous savez l'importance que j'attache à
cette œuvre, que j'ai faite avec tant de conviction
et qui, selon ce que m'apprend le libraire, ac-
quiert une grande publicité.

Je suis bien touché, *vrai*, de votre bon et
charmant souvenir du nouvel an, et non moins
touché d'y être associé à votre meilleur ami. A
ce sujet, jugez de mon chagrin, il avait eu la
bonne et cordiale idée de venir passer le jour
de l'an avec moi et se fait conduire chez moi,
et, là seulement, apprend que je n'habite plus
ma maison, et revient à l'hôtel de Genève, où il
me trouve. Il m'eût été très-doux de lui offrir
une bonne hospitalité. Nous avons du moins
passé une bonne soirée ensemble et longuement parlé devous. Il vous aime bien, et c'est
de toutes ses rares qualités celle que je prise
davantage en lui. J'ai été émerveillé de votre
vie studieuse, littéraire et artistique ; vous êtes
si incroyablement douée que je ne devrais plus
m'étonner de rien, et cependant j'admire ces
dons tout aussi vivement qu'avant le 7 mai. Je
suis à la fois très-chagrin et pourtant presque

consolé de votre mésaventure au sujet de ma
pauvre amie, puisqu'il en est ainsi que vous me
le dites. J'en suis navré, car c'est le meilleur et
le plus généreux cœur que je connaisse ; seulement je crois que la veille de votre départ vous
feriez une bonne action en essayant de la voir,
et si elle ne vous reçoit pas, de lui écrire quelques lignes, cela ne pourra vous compromettre
d'aucune façon puisque vous partez le lendemain, et vous aurez mis un peu de baume sur
la blessure qu'involontairement vous avez faite.
Mme Soma... est toujours bien la même, et j'ai vu
et senti son salon à votre description, l'odeur
du singe m'étant particulièrement insupporta-
ble. C'est du reste un *brave homme* dans
toute l'acception du mot, elle est, lorsqu'elle
le veut, très-spirituelle et surtout voyant juste.
Dites-lui que je m'estime très-heureux de ce
qu'elle ait bien voulu se souvenir de moi, et
qu'il faut que mes détestables opinions soient
bien enracinées, puisque le seul remords
qu'elles m'aient jamais causé est la contrariété
qu'elles font éprouver à ma belle ex-voisine de
la rue de la Pépinière. Je suis enchanté que
vous ayez retrouvé à Milan Mme Belgiojoso,
c'est l'un des plus vaillants cœurs de femme
qui existent, et je ne songe jamais sans une
profonde émotion à son admirable dévouement
lors du siége de Rome ; moralement et physiquement elle est taillée dans un marbre antique ; j'ai toujours regretté, lorsque j'allais
dans le monde, de ne m'être pas rencontré sur
son chemin, elle est et elle sera une des femmes
de notre temps.

Adieu, chère et tendre amie, vous êtes bonne, c'est pour moi votre grande et croissante séduction. Merci de ce que vous me dites de l'*avenir*, je pense comme vous qu'il faudrait maintenant diablement de bourrasques pour déraciner ce qui a résisté à tant d'orages. Adieu, bien tendrement adieu. Si vous en avez, donnez-moi des nouvelles de ma diablesse d'amie *Césarine*. Encore adieu. A vous et toujours à vous.   EUGÈNE SUE.

———

Annecy, 10 mai 1857.

Chère et bonne amie, ci-joint deux lettres l'une pour Louis Blanc, l'autre pour Schœlcher. Il est indispensable qu'en lui envoyant ce billet vous y joignez mon petit livre. Je connais mon Victor, et je sais pourquoi j'insiste envers cette recommandation très-essentielle, et à laquelle je vous demande en grâce de ne point manquer. Quant à Louis Blanc, cette recommandation n'est pas nécessaire. Je serai néanmoins content qu'il lût le livre. Mais quant à Victor, je vous prie instamment de lui envoyer en même temps que ma lettre. Je suis enchanté des bonnes nouvelles que vous me donnez de Bruxelles et de votre bonne santé. Vous savez que ce que je vois de plus grave et de plus important dans tout ceci, c'est que le cas échéant d'une révolution qui fasse justice de ce bandit, vous ne portiez pas la peine de *votre nom*, et qu'après avoir été proscrite par un Bonaparte, vous ne soyez encore proscrite comme Bonaparte.

Voilà, chère enfant, ce qui doit vous rendre si attentive à votre conduite, et voilà pourquoi aussi je suis enchanté des preuves de sympathie que vous ont donné nos amis de Bruxelles, n'avez-vous pas oublié le docteur. Pardon de revenir à ce sujet, c'est que je sais combien vous êtes distraite. Je serais bien heureux de savoir que V. S... aura été vous voir, c'est le plus grand cœur que je connaisse, et le caractère le plus admirablement honnète, loyal, et dévoué qu'il y ait au monde. On peut l'égaler, mais le primer, non. Vous en jugerez. Il voit, je crois, assez souvent L. B..., et il est très-lié avec L... Si vous voyez celui-ci, dites-lui mille choses et serrez-lui les mains pour moi. Serez-vous longtemps à Londres, et repasserez-vous par la Belgique? J'ai reçu une très-bonne et très-aimable lettre de P... à votre sujet. Il vous est très-affectionné, je vous l'assure. Je ne comprendrais pas que P..., s'il était nommé député, puisse prêter serment à ce misérable. Un refus de serment motivé, si possible est, me semble la seule marche à suivre du moins, selon moi, et je n'en suivrais pas d'autre. Vous avez peut-être lu dans le *National* les derniers articles de moi à ce sujet, et dans lesquels j'explique le pourquoi de mon avis. Adieu, bien chère amie. Si vous écrivez à Lasteyrie, dites-lui que je serais très-heureux de recevoir sa visite s'il passe par ici. À propos de visite, celle que j'ai manquée *n'était pas de madame M...* Je ne puis pas, cependant, vous en dire davantage. Hélas ! c'est le privilége des vieux *bonshommes* de recevoir impunément des visites de belles dames comme vous, et une autre beaucoup moins belle sans doute, mais encore très-charmante. Adieu bien tendrement, chère bonne amie, donnez-moi de vos nouvelles si vous en avez le loisir.

Tout à vous, .   EUGÈNE SUE.

2 mai 57.

Vous recevrez à votre arrivée à Bruxelles, chère amie, une lettre que je vous ai écrite en réponse à la nouvelle, laquelle plus j'y pense et plus j'y réfléchis, m'est bien précieuse pour votre avenir. Je suis enchanté de savoir que V. S..., comme je m'y attendais d'ailleurs, même d'après sa dernière lettre, soit revenu de ses premières préventions. C'est un caractère très-froid mais d'une sûreté sans pareille. C'est l'homme d'honneur par excellence, et un cœur d'or. Je suis donc doublement ravi qu'il soit des vôtres. Je vous renvoie la lettre de F. O..., il n'y a de sa part aucune prétention. croyez-le, il écrit tout naturellement ainsi, et ce n'est nullement recherché. J'avais d'abord songé à vous envoyer une lettre pour lui, puis j'ai songé qu'il était brouillé avec V. S. et celui-ci étant mon ami depuis vingt ans, cela m'en a empêché.

J'ai appris quelque chose qui m'a réellement chagriné, ce pauvre Léon M. souffrait tellement de sa maladie nerveuse depuis quelque temps, qu'il s'est coupé la gorge. Ce cruel événement a été assoupi et l'on croit généralement à une mort naturelle. Vous devriez écrire un mot à sa pauvre mère, car cette famille vous aime bien. Bon courage pour Bruxelles, et ne manquez pas de revoir L... et tous nos amis à votre passage. Vous aurez fait, somme toute, une bonne campagne en cela que vous aurez été, du moins, jugée et appréciée comme vous devez l'être, par les plus marquants de nos amis.

Adieu, bien chère enfant, j'espère vous revoir dans le courant du mois, ma santé n'est pas vaillante. J'ai beaucoup d'ennuis, et entre autres, la saisie des *Mystères du peuple*, à Paris. L'ouvrage touchait à sa fin, le voici complètement perdu. Je suis très-chagriné de la chose au sujet de la propagande, sans parler du tort très-considérable que cela me cause matériellement, question secondaire. Mais je vous parlerai de tout ceci à votre passage, si vous vous arrêtez à Annecy, surtout, pour l'amour de Dieu, pas de surprise... Prévenez-moi quelques jours à l'avance. A vous.

EUGÈNE SUE.

Juin 1857.

Un mot, en hâte, bien chère enfant, car vous ne me dîtes pas si vous restez encore quelques jours à Londres, et je crains que cette lettre ne vous y trouve plus. J'ai reçu une excellente lettre du Dr Laussédat. Je ne puis vous dire quel intérêt il continue de vous porter. non moins comme femme que comme malade. Il est vivement préoccupé de savoir si vous suivez ses conseils, et cette préoccupation, je la partage, car il a été loin de me rassurer complètement sur votre santé, surtout si vous n'êtes pas raisonnable. Vous devriez lui écrire quelques lignes bien senties, comme vous savez les écrire, et, pour mille raisons, je vous engage instamment à le faire, car vous avez maintenant en lui un ami, et vous le savez, pauvre enfant, qu'ils sont rares, et surtout de cette *trempe*, car Laussédat est l'un des hommes les plus justement considérés de l'émigration. Je suis enchanté que mon vieil ami Louis Blanc vous ait tout de suite si bien jugée et appréciée. Si vous le voyez encore, dites-lui que je lui suis toujours bien vivement affectionné, et que je songe toujours à nos dîners chez Biffi. Il y a hélas! douze ans et plus de cela, mais ces soirées m'ont laissé le meilleur souvenir. Ecrivez-moi dès que vous aurez vu Schœlcher, car c'est lui surtout que je voudrais voir près de vous. Toute ma crainte est qu'il ait quitté Kawikenham pour aller prendre les bains de mer quelque part, et qu'il ne soit de retour à Londres qu'après votre départ. Enfin un mot, un seul, quand vous l'aurez vu, car je comprends combien vos moments doivent être occupés. Dites à Mazzini que je n'ai jamais oublié l'appui si bienveillant qu'il a donné aux *Mystères du peuple,* dont il avait fait commencer une édition en Suisse, m'a-t-on dit. Notre ami Flocon la termine. Dites à Kossuth, bien que je n'aie pas l'honneur d'être connu de lui, qu'il n'a pas d'admirateur plus convaincu que moi. Je

regrette extrêmement que vous n'ayez pas vu
L.; peut-être viendra-t-il plus tard, vous pourrez vous en expliquer en toute sincérité avec
Schœlcher, qui est intimément lié avec lui
et qui lui dira ce que vous désirez qu'il sache.
Je ne puis croire que notre ami P... commette
l'erreur de prêter serment à ce bandit. Je le
regretterais cruellement pour lui, et je suis
convaincu que lui-même, mieux avisé plus
tard, le regretterait aussi. Adieu, chère enfant, ma santé n'est guère bonne. On m'or-
donne pour de terribles névralgies des douches
d'eau froide le matin et le soir très régulière-
ment, je me soumets à ce traitement, et jusqu'ici j'en ai ressenti quelque bien. Je deviens
tout-à-fait bonhomme et m'en console, certain
que votre bonne et chère amitié m'est, et me
sera toujours acquise quand même. Avez-vous
envoyé le pouvoir au libraire de Turin? Adieu
encore, tout à vous et de tout cœur.

EUGÈNE SUE.

Annecy, jeudi 3 janvier 1857.

Enfin me voici de retour au gîte, mais je joue
de malheur, chère enfant; en arrivant je trouve
la pauvre fille que j'avais laissée ici atteinte
d'une assez grave fièvre typhoïde; un moment
j'ai pensé à aller à l'auberge, mais j'ai tant besoin de repos et de mon *chez moi*, que je
reste; quelques précautions me mettront à
l'abri de la contagion, si contagion il y a, ce
que je ne crois pas. Merci, merci mille fois de

votre bon et cordial accueil, merci surtout
de cette bonté, de cette dignité de cœur dont
vous avez témoigné, et qui est si remarquable
en vous lorsque vous redevenez *vous-même*.
Croyez-moi, vous êtes, vous serez cruellement
vengée par la marche naturelle des choses, par
le mal même que ce misérable a fait et qui re-
tourne contre lui. Cette vengeance est la seule
digne de vous, elle est au-dessus de celles que
vous pouviez rêver dans l'exaltation de votre
esprit. . . . .
J'ai bien songé à votre voyage à Bruxelles, il
peut avoir pour votre position *politique*, si je
puis m'exprimer ainsi, un très-grand résultat,
mais il faut vous sauvegarder très-rigoureuse-
ment de tout entraînement, vivre comme dans
une maison de verre, et, à ce sujet, tout bien
pesé, je vous conseille très-fortement, pour
mille raisons, de ne pas voir Mme P., vous seriez malgré vous entraînée plus loin peut-être
que vous ne désireriez. Si vous allez à Bruxelles, voici à quoi j'ai songé : il y a parmi les ré-
fugiés un homme excellent, d'un noble et chaleureux cœur, aimé, considéré de tous, c'est le
Dr Laussédat. Il vous sera très-facile d'entrer
en relations avec lui en le consultant sur votre
santé, je vous donnerai un mot pour lui, il vous
verra de près, et, par cela seulement qu'il vous
connaîtra, qu'il vous verra telle que vous êtes, il
concoura à ramener à vous l'opinion égarée par
la malveillance. Je vous donnerai de plus un
mot pour Labrousse, brave et spirituel ami, et
qui aussi, je l'espère, concoura à vous ramener l'opinion.

J'ai lu la fin de la lettre de Quinet, elle est admirable, et je suis tout fier de voir qu'un si éminent esprit partage ma conviction et envisage la question *pratique* au même point de vue que moi. L'effet de ces lettres se soutient, m'écrit-on.

Adieu, bien chère enfant, je vous aime toujours beaucoup, et plus, s'il est possible, que par le passé, parce que, péniblement éprouvée par de grands chagrins, je vous ai retrouvée aussi bonne que par le passé, et vous savez mon idolâtrie pour la bonté. Encore adieu, je vais revoir vos manuscrits et j'ajouterai dix lignes sur l'application générale des œuvres de Mme de L., afin de remplacer ce qui me semble insuffisant à ce sujet dans le dernier cahier que vous m'avez envoyé. Je n'ai pu m'en occuper, hier, pressé par le temps. Pour Dieu, réfléchissez un peu davantage en écrivant, la pensée est toujours pure et souvent excellente, mais votre précipitation rend la forme parfois obscure. Je suis un vieux bonhomme très-pédant et très-sévère, vous le voyez ; aimez-moi tel quel, et croyez-moi bien à vous.

Eugène Sue.

Mercredi soir.

Je suis resté à Annecy trois heures pour y voir mon digne et excellent ami Barbès, qui repart demain, et me voici dans ma solitude toute neigeuse déjà, aussi, en voyant ces montagnes blanches, je me demande, chère enfant, si vous aurez réellement le courage d'affronter ces frimats, et si j'aurai l'égoïsme de vous y engager. Cependant, comme vous êtes très-courageuse et moi très-égoïste, je ne perds pas tout espoir de vous voir ici, dans le courant de la semaine prochaine, si toutefois il ne survient pas de neiges trop abondantes, car, en ce cas, le trajet d'Aix ici serait une véritable traversée de Sibérie. Enfin j'attends, j'espère, et c'est déjà beaucoup de pouvoir attendre et espérer. Vous voyez que je modère mes *exigences*, moi l'homme *exigeant* par excellence. C'est un peu et beaucoup votre faute, chère enfant.

J'ai longuement ruminé sur ces cinq derniers jours passés près de vous, et il m'en reste une impression de véritable admiration pour vous à l'endroit de votre entrevue avec ce potentat. Ah! vous êtes une vaillante et noble femme, et plus je songe à ce que vous avez refusé et à ce que vous avez bravé, plus je me persuade qu'au contraire de ce que pense notre ami, vous êtes trempée en *Danton*, selon sa comparaison, ou mieux, en femme de grand cœur. Ma haine contre le César du guet-apens, qui avait eu une raison d'instinct redouble maintenant à bon escient, et je vais terminer, durant mes soirées solitaires, mon œuvre *chantante*. J'ai retrouvé ma pauvre chère solitude avec un vrai plaisir, n'en soyez pas jalouse, mais cette vieille passion ne finira qu'avec ma vie. Elle m'est d'autant plus précieuse qu'elle me rend plus charmantes les heures que je passe près de vous, et qu'elle me défend de toute distraction au sujet du souvenir que je rapporte d'Aix. Je vous aime beaucoup, et certaines paroles dites par vous augmentent encore la gravité de mon attachement. J'ai cependant, depuis quelque temps un grand fonds de tristesse, dont vous n'avez guère pu vous apercevoir, parce que votre brillant et beau et profond regard a le don de me faire oublier tout ce qui n'est pas vous Adieu, bien chère enfant. Je ne compte pas recevoir de lettre avant la fin de la semaine, mais la première fois que vous m'écrirez tâchez, si cela est possible, de me dire si vous êtes toujours dans les mêmes dispositions quant à ce cher voyage. Adieu, maintenant et toujours.

Eugène Sue.

---

2 février 1857.

Ce que vous me dites de notre ami Karr, est à la fois très-vrai et très-bien observé; vous aurez le temps de compléter votre jugement puisque, d'après ce qu'il m'écrit, vous êtes encore pour quelques jours à Nice. Je pense qu'il vous aura remis la lettre que je lui ai envoyée sous enveloppe pour vous. J'ignorais votre adresse, c'est pourquoi je me suis servi de son canal. Il n'approuve pas le petit livre que j'ai écrit à votre sujet, il ne comprend pas qu'on se dévoue en amitié, et il est des abnégations qu'il ne peut admettre, parce qu'il s'en sent incapable. Pour moi, je me félicite chaque jour, et hautement, d'avoir dit tout haut dans *Une Page de l'Histoire de mes livres* tout le bien que je pensais de vous et de quelques. autres. C'était un devoir, je ne devais pas y faillir.

. . . .

Quant à Karr, c'est un parfait honnête homme qui s'est bien conduit en 48... ses créanciers aidant, il est vrai, mais enfin, il ne faut pas diminuer son mérite, il est d'un caractère charmant et d'une indépendance d'esprit rare, mais il ne faut pas complètement se livrer à lui, en ce sens qu'il a toujours sacrifié ses amis, et les meilleurs, au plaisir de faire un mot et que rien n'est sacré pour lui si cela peut lui donner l'occasion de faire une bonne ou une mauvaise plaisanterie dans ses feuilletons. Ce que vous me dites de son appréciation de Ponsard ne m'étonne pas : il est probe, mais il n'est pas enthousiaste ; il s'est trouvé naturellement, comme il vous le dit, au-*dessous*, lors des éloges accordés à Lucrèce, mais, il faut en convenir, il y a une certaine équité à rester au-dessus lorsque ceux qui avaient encensé Ponsard veulent sans raison le faire descendre du piédestal sur lequel on l'a exhaussé. Le baromètre de Karr est un peu froid, ni tant d'honneur ni tant d'indignité, mais enfin, c'est un honnête homme. Puis, il ne faut pas vous le dissimuler, *Karr est un homme ordinaire de beaucoup d'esprit,* c'est un bourgeois qui s'est fait journaliste. Il n'a pas assez d'individualité pour être amusant hors de ses feuilletons, qui sont les plus charmants de notre temps, ni assez de passion pour captiver l'attention. Sortez-le de ses guêpes en exceptant, *Sous les Tilleuls,* tous

ses romans sont détestables, plus que détestables, incompréhensibles quant à la forme, au
fond et même au style. Il est envieux, et il
rapetisse volontiers parce qu'il n'a pas lui-
même de génie créateur, mais il est consciencieux, il est prétentieux parce qu'il n'est pas
naïf, sa conversation est aussi étudiée que
ses feuilletons. Hetzel, avec lequel il a tant de
points de ressemblance, qu'on les prendrait
pour les deux frères jumeaux de la littérature
contemporaine, lui est peut-être supérieur, car
il est plus naturel, son esprit est plus franc,
il a plus de cœur, plus d'élan, plus de chaleur
et plus de simplicité que Karr, mais aussi il a
bien moins de raison. Leur talent et leur
style sont identiques, seulement Karr est sorti
de son cadre, Hetzel a eu l'esprit d'y rester.

La ressemblance d'esprit qui existe entre
ces deux hommes est étrange. Hetzel est la
doublure de Karr, mais Karr est la doublure
d'Hetzel, Hetzel a la tête plus légère, mais il a
meilleur cœur, il ne sacrifierait pas un ami à
un trait plus ou moins spirituel, et Karr est très-
capable de vous renier s'il peut faire rire à
vos dépens un quart de seconde les bourgeois
du Marais. . . . .

EUGÈNE SUE.

————

. . . .
Si vous voyez mes amis là-bas... engagez-
les donc à envoyer quelque chose au *National*. Je n'approuve pas leur abstention... ni la

querelle que me fait *** à propos des lettres sur la question religieuse. Le *National* est, en définitive, le seul et unique organe du parti républicain, il est à la brèche courageusement chaque jour depuis bien des années, nous lui devons de la reconnaissance, et, à l'exception de deux ou trois parmi nous, personne ne l'aide. Il n'est pas bon, disent quelques-uns. Eh bien! faites-le meilleur. Un seul homme, fût-ce Voltaire, est impuissant à la tête d'un journal s'il est seul. C'est aux proscrits à collaborer à l'œuvre de la proscription. Envoyez, vous N, je vous prie, vos éloquentes pages d'histoire, vous N, vos études... vous N, vos nouvelles; chacun son contingent, celui-ci des vers, celui-là de la prose, et le *National* sera le premier journal de l'Europe; que l'œuvre de la proscription soit défendue, soutenue par la proscription, aidée par nous, je crois que c'est un devoir pour tous, je ne blâme personne, mais je me reprocherais d'y manquer. . . . .

Eugène Sue.

————

Le *Moniteur savoisien* m'a demandé d'insérer dans ses colonnes une partie d'*Une page de l'Histoire de mes livres*. J'espère que cela ne vous contrariera pas. Je le leur ai permis, sauf votre approbation. Quant vous en aurez le temps, envoyez-leur, vous aussi, quelque chose, cela leur fera plaisir, et ils en seront très reconnaissants. Cette petite feuille n'a certainement aucune importance, et n'est pas des mieux rédigées, mais l'intention est bonne, et je l'ai toujours trouvée prête à répondre aux journaux cléricaux lorsqu'on nous attaquait l'un et l'autre. Vous savez que je lui ai envoyé votre lettre à l'*Echo du Mont-Blanc*, et qu'elle s'est empressée de la reproduire.

EUGÈNE SUE.

1856.

J'ai reçu ce matin, ma chère et bonne enfant, une lettre charmante de Béranger à votre sujet ; je vous l'envoie, ainsi que celle dont je vous avais parlé, de mon beau frère relative à mon neveu. J'ai une confiance si absolue en vous et en votre jugement que, même en cette dernière circonstance, je tiens à avoir votre avis ; il m'aidera peut-être dans les conseils que je veux donner, etc. . . . .

Quant à Béranger, il n'a pas été mécontent de *La solidarité*, mais il paraît que les rimes de mon fameux sonnet ne répondent pas à mon ambition. Moi qui croyais avoir fait une chose si difficile ! Je serais désolé que mes vers fussent complètement mauvais. Jamais rien ne m'a autant amusé que cette occupation poétique que je vous dois. Il n'y a de réel en littérature que les succès au théâtre. J'étais né et mis au monde pour être un auteur dramatique ; si je pouvais attraper la forme, je suis convaincu que je ferais une excellente pièce en vers.

. . . .

Eugène Sue.

———

Ma sœur est avec moi depuis lundi, ma chère enfant, de sorte que si vous voulez profiter de son séjour ici pour passer deux ou trois jours à Annecy, je serais enchanté de vous faire faire connaissance avec elle, et votre présence ne me gênerait en rien. Comme elle a besoin de beaucoup d'air, elle habite la grande pièce du rez-de-chaussée, vous pourriez donc reprendre votre chambre, et j'arrangerais Bibi quelque part ; j'aimerais à rassembler, ne fut-ce que pour un jour, près de moi les deux personnes que j'aime le plus au monde. Vous apprécierez ma sœur, j'en suis sûr ; elle m'aime beaucoup, et elle n'a qu'un défaut (si c'en est un), une paresse invraisemblable, et qu'une manie dont je vous ai parlé, dont elle n'est pas revenue encore, malgré l'essai malheureux dont je vous ai parlé chez Mme de Pl..., c'est peut-être un peu ma faute. Quant à vous, vous lui plairez, parce que vous êtes spirituelle, distinguée, grande dame, tous les parce que... et puis enfin parce qu'elle sait que je vous aime tendrement. Elle a dit à mon propos un mot charmant en faisant allusion à nos longues séparations : *j'ai le mal de frère*, écrivait-elle. . . . . . .

Eugène Sue.

1856.

Avez-vous lu le parallèle entre la mort de Voltaire et celle de Mirabeau, de Louis Blanc. C'est tout bonnement admirable ; ce n'est pas parce qu'il est des nôtres, mais, franchement, n'est-ce pas que c'est le premier historien de notre époque. Quel chef-d'œuvre que l'*Histoire de dix ans*, quelle fermeté et quelle concision dans la forme, quelle justesse d'appréciations, quelle abondance d'idées, quelle poésie de style. C'est un poëte en prose et un grand poëte ; j'aime à vous dire tout ce que je pense de Louis Blanc, parce que je sais que c'est aussi votre opinion. Les bonnes soirées que nous avons passées l'an dernier à lire l'*Organisation du travail* et l'*Histoire de la Révolution* ; c'est que vous lisez si bien, chère fée, ceux dont vous admirez le talent. Toutes ces bonnes lectures sont encore présentes à ma pensée. Louis Blanc, Voltaire, Thiers qui rappelle si souvent ce dernier, Corneille, Lamennais, comme les heures passaient vite avec vous de huit heures à minuit. Je ne regrette qu'une seule de mes lectures, c'est Racine ; non, ni vous ni Ponsard ne m'apprendrez à l'aimer, je n'ai jamais su le comprendre, il m'ennuie, il ne dit rien, c'est fade. Parlez-moi de Shakespeare, à la bonne heure. Ah ! que vous êtes heureuse de pouvoir le lire dans l'original ! . . . .

EUGÈNE SUE.

Non je n'approuve pas que P. vous ait fait
faire la connaissance de B., dans votre position
vous ne devez pas commettre d'excentricités,
c'en est une pour une jeune femme de votre
âge, de votre position, de voir un acteur. Songez donc à ce que vous êtes. Je sais que B... est
un excellent garçon, un peu bruyant, un peu
don Quichotte, un peu bavard, mais loyal et
dévoué en somme, mais enfin il est dans une
position anormale. Je fais la guerre aux pré-
jugés, mais il faut encore louvoyer avec quelques-uns, et, croyez-moi, tout ce qui touche
à la *délicatesse* de conduite de la femme dans
sa vie privée doit être rigoureusement observé.
Croyez-moi, il vous arrivera quelque inconvé-
nient de cette connaissance excentrique. Vous
êtes en correspondance, tant pis, tant pis ; un
jour une tuile vous tombera sur la tête ! vous
verrez, vous verrez ! et voilà comment vous
prêtez aux calomnies. Chère enfant, ne soyez
plus excentrique. Tous les hommes sont égaux,
c'est vrai, je vous verrais avec plaisir donner
la main à un ouvrier ; vous avez vu combien
j'ai joui de vos succès à ce bal d'horlogers, où
je vous ai conduite, mais malheureusement il
n'en est pas de même pour un acteur, la société
est si mal faite, le milieu où ils vivent est si
vicié, enfin, en un mot, le *préjugé* est si enra-
ciné dans nos habitudes que je ne permettrais
jamais à ma femme, si j'en avais une, ou à ma
fille d'être en relations avec un acteur. Je l'engagerais à respecter cette profession (elles sont
toutes dignes d'estime quand elles sont hono-

rablement exercées), celle-là plus que beaucoup d'autres, elle annoblit l'âme en rapprochant des chefs-d'œuvre des grands maîtres. Je leur donne volontiers la poignée de main, de la cordialité et de la sympathie, mais les introduire dans un intérieur féminin, non certes. Pour celui dont nous parlons, il a eu une des vies les plus bizarres, les plus brillantes et les plus humiliées en même temps qu'on puisse imaginer ; il faut qu'il ait eu une bien bonne nature pour n'être pas devenu mauvais, tant l'injustice a dû l'aigrir. A moins d'être Talma, voyez-vous, Marie, cette existence est horrible ; on exprime tous les beaux sentiments, et il faut dévorer toutes les humiliations. Quelquefois une grande dame dévergondée donne un rendez-vous à un de ces pauvres gens : elle l'enverra chercher par son laquais, l'enivrera de belles promesses, et puis le lendemain elle le rencontrera dans la rue, ne répondra pas à son salut, et dira indifféremment en agitant son éventail : Qu'est-ce que c'est que ce cabotin là ? Triste monde où l'on voit de semblables choses, mais aussi, douloureuse profession où l'on est obligé de les subir. Et ces hommes de théâtre, auxquels cela est arrivé dix fois, vingt fois, plus ou moins, s'aigrissent alors, deviennent mauvais, sceptiques, et si par hasard une jeune femme naïve et excentrique comme vous va à eux, ils ne se rendent pas compte du motif qui la guide ; devons-nous leur en vouloir de ne pas s'en rendre compte ? oserons-nous les condamner ? ils se disent d'abord : C'est une grande

dame comme les autres qui a un caprice pour
moi ; ou bien, c'est inévitable, mais c'est triste
et c'est vrai surtout, ils se disent : Pour qu'elle
consente à me voir, il faut qu'elle soit bien
compromise, et alors telle ou telle histoire ap-
prise dans un cabaret de second ordre leur revient à l'esprit, et ils y croyent, car ils ont tant
subi l'influence du préjugé, dont ils sont les
premières victimes, les femmes du monde ont
été si douloureusement bonnes et cruelles pour
eux qu'ils ne peuvent admettre qu'une d'entre
elles manque à la règle qui les régit toutes
et consente à les voir sans intérêt.

Gardez vos compatissantes sympathies, mais
réservez vos touchantes démonstrations. Jusqu'à ce que la société soit reconstituée il faut
maintenir tout ce qui touche intimement à la
pudeur des femmes. J'en veux à P. de m'avoir
mis dans la nécessité de vous écrire ces quatre
pages de sermon. Vous m'objectez l'exemple de
Mme ***, que P. vous a donné, mais une telle
vie vous fait-elle envie ? vous jalousez le génie,
soyez indulgente pour les fautes, mais ne les
imitez pas. Il y a deux grandes actrices en Europe maintenant, Rachel et Mme Ristori ; de
l'une on dit naturellement Rachel, de l'autre
tous sont portés à dire respectueusement Mme
Ristori. Devenez une femme de talent si vous
pouvez, comme je crois que vous le deviendrez,
mais restez Mme de Solms et ne soyez jamais
ni la Solms, ni même Marie de Solms. C'est une
distinction un peu subtile, vous êtes une nature
trop princesautière pour la comprendre, mais,

croyez-moi, je suis dans le vrai; je pardonnerais à la rigueur qu'on ne vous admirât point, mais je ne permettrai jamais qu'on ne vous respecte pas, et, croyez-moi, cette relation est de nature à compromettre votre considération. Fasse le ciel que vous ne vous en ressentiez pas autrement. Grondez-moi bien fort d'être si rabâcheur, et croyez-moi toujours tout à vous.

EUGÈNE SUE.

---

10 mai 1857.

J'ai lu votre étude sur Alfiéri, c'est bien, c'est très bien; réfléchissez davantage en écrivant, vous avez une déplorable habitude, celle d'écrire au courant de la plume et de la pensée, de ne jamais vous relire et de ne pas vous raturer. Je ne me cite pas pour exemple, je n'ai jamais su le français, mais puisque vous avez tous mes manuscrits en mains, voyez combien je les revois. . . . .

EUGÈNE SUE.

---

12 mai 1857.

Avez-vous été entendre un homme auquel on accorde généralement beaucoup de puissance et d'éloquence? Il fait des cours publics à Bruxelles. Si vous n'y avez pas encore été, allez le voir, et dites-moi ce que vous en pensez. Il se nomme Bancel. On dit qu'il a beaucoup d'avenir.   EUGÈNE SUE.

Je suis ravi de l'appréciation que vous faites de mon ami Quinet ; je ne vous ai pas remis de lettre pour lui parce que je croyais que Béranger, avec qui il est très-lié, vous en avait donné une, mais je répare cet oubli, et vous trouverez ci-joint un mot à son adresse. Vous le gênerez un peu d'abord, mais quand il vous aura vue et qu'il saura combien vous le goûtez, il retournera souvent vous voir. Vous le jugez à merveille. Il y a entre vous et moi une sympathie d'appréciations littéraires qui m'a souvent étonné. EUGÈNE SUE.

———

La lettre que vous écrit Berryer sur le discours de Ponsard est tout bonnement ravissante. Permettez-moi d'en prendre copie ; c'est fin et senti ; il y a du courage et de l'esprit, et du meilleur. Son regret que notre ami n'ait pas nommé Hugo, *provenant peut-être de sa sympathie pour les proscrits*, est un mot charmant. Je prends pour moi un peu le pluriel du mot. Si vous avez occasion de lui écrire, dites-lui combien j'admire son talent et son caractère. . . . . EUGÈNE SUE.

———

Soyez tranquille, chère enfant, je ne ferai rien paraître dans ....., oubliez qu'il vous a attaqué, moi je m'en souviendrai ; je romps toute relation avec ce journal, c'est surtout en amitié que la solidarité doit exister. Quant à moi, *jamais* vos ennemis ne seront mes amis ; j'aime à penser qu'il en est de même pour vous ; quand on vous est hostile sans parti pris, j'essaie de ramener, souvent j'ai réussi ; quand on résiste à l'évidence, à la raison que j'expose froidement, quand les preuves ne font rien devant une prévention de parti pris, en un mot devant une hostilité systématique, je romps, c'est mon devoir d'honnête homme, je vous l'ai juré et je tiendrai ma parole, j'agirai toujours avec vous comme si vous étiez mon enfant de nom, comme vous l'êtes de cœur.

Eugène Sue.

————

. . . .

Lévy vient d'arriver, chère enfant, mais je l'enverrai chez Masset, je ne le retiendrai pas à dîner puisque vous y êtes ; vous êtes bien bonne de me l'avoir demandé, mais vous savez l'extrême délicatesse que j'apporte dans certaines présentations. Michel est un très-brave homme, mais il n'est ni très-intelligent, ni très-bien élevé. Il est juif depuis la plante des pieds jusqu'à la racine des cheveux. Comme éditeur, je n'ai pas eu beaucoup à m'en louer, lors de ma publication de l'*Histoire de la marine*, et Alex. Dumas a gravement eu à s'en plaindre, non sans quelques raisons. Puis, vous rappelez-vous nos discussions de l'autre soir sur l'égalité et la fraternité et la charmante lettre de Béranger, Michel est notre frère, mais il n'est pas notre égal. Permettez-moi de vous quitter sur cette mauvaise plaisanterie et de me dire tout à vous.   EUGÈNE SUE.

AVANT-DERNIÈRE LETTRE ÉCRITE PAR SUE AVANT SA MORT.

Jeudi, 30 juillet.

Chère amie,

Je vous écris de mon lit avec la fièvre, ainsi que vous le devinerez à mon écriture. Je voulais vous écrire hier, ainsi que je vous l'avais fait télégraphier ; mais la nuit de samedi à dimanche a été si mauvaise, qu'il m'a été impossible de le faire dans la journée. Ma névralgie aboutit à une fièvre très-violente.

J'ai eu le bonheur d'avoir la visite d'un bon et vieil ami à moi, qui se rend à Aix pour prendre les eaux. Il me soigne en frère, ainsi n'ayez aucune inquiétude. Je suis bien reconnaissant de votre offre de venir me voir, mais je vous demande en grâce de n'en rien faire avant que l'irritation fiévreuse, l'agacement où je suis soient apaisés ; car j'ai un besoin absolu de solitude

Soyez sans inquiétude, chère amie. Si ma maladie s'aggravait et devenait autre chose qu'une souffrance très-intolérable, mais sans danger, vous seriez prévenue la première.

Adieu ! car je ne vois plus trop ce que j'écris, j'ai la tête vide comme un grelot.

Tout à vous de cœur.

EUGÈNE SUE.

DERNIÈRE LETTRE DE SUE ÉCRITE PAR LUI AVANT SA MORT.

Vendredi matin, 31 juillet (1).

Combien vous avez dû souffrir, ma pauvre chère enfant bien-aimée, en apprenant la mort de notre pauvre Béranger ! Il vous était si dévoué, il vous aimait tant, il appréciait si bien toutes vos vaillantes qualités de cœur et d'esprit. J'ai souffert pour vous. Il m'écrivait, il n'y a pas longtemps encore, pour se plaindre de ne pas recevoir de vos nouvelles.

Quelle noble vie et quelle triste fin ! Il a dû tressaillir dans son tombeau en voyant sa pensée méconnue, lui qui n'aimait que l'obscurité, qui n'ambitionnait que le repos, faire un bruit pareil à ses funérailles. C'est indigne.

Hélas ! que nous avons peu la fin que nous désirerions. Quant à moi, j'aurais voulu pour Béranger la mort de Lamennais ; la fosse commune, voilà ce qui nous convient, à nous autres soldats de l'idée. En ce qui me concerne, je ne me consolerais pas de dormir ailleurs qu'au milieu des pauvres, je ne voudrais ni marbre à ma tombe, ni calotins à mon chevet. Ah ! que nous nous entendions bien, Béranger, Lamennais et moi, et combien nous avons causé de notre fin à Beaujon. Chère enfant, je survis à vos meilleurs amis. La souffrance intolérable que me cause ma névralgie est sans

(1) Cette lettre a été publiée, mais tronquée, dans le *Courrier de Paris.*

danger ; avec la vie sobre que je mène, je leur
survivrai longtemps, Puissé-je vous tenir lieu
des deux grandes amitiés qui vous manquent !
Vous avez pleuré votre chansonnier, je le con-
çois. Quand votre douleur sera un peu calmée,
je vous conseille de donner suite à votre projet.
Nulle mieux que vous n'est à même d'écrire
quelques pages bien senties sur cette illustre
vie. Si je peux vous être utile pour ce travail,
disposez de moi, je n'ai pas la prétention de
vous corriger, mais vous savez qu'on peut se
fier à mon tact, il me trompe rarement, et je
pourrai peut-être vous donner de bons conseils.
Dès que j'irai mieux, je vous enverrai, si je
ne puis vous les porter moi-même, quelques
lettres qu'il m'a écrites à votre sujet ; elles
pourront vous être utiles pour votre travail, et
je vous le répète, ne vous pressez pas ; nous le
reverrons ensemble. Pauvre chère enfant ! il
faut que je vous quitte, et j'aurais cependant un
million de choses à vous dire, mais ma main
tremble, grâce à cette maudite fièvre, et il
faut que je garde un peu de force pour écrire
à ma pauvre sœur à laquelle je n'ai pas, depuis
longtemps, donné signe de vie. Je vous en veux
quoique je l'eussse permis à Jean de le demander, d'avoir été si pressée de m'envoyer le docteur Lachenal. Pomereu, notre ami, s'est un peu
pressé je vous le répète, ma souffrance est
vive, mais sans danger. En vous conjurant de
ne pas venir me voir, je cède à une coquette-
rie de vieillard ; voilà tout. Rassurez-vous, au
surplus, je suis soigné en frère par mon vieil

ami Charras. Il va aller à Aix ; je verrai à vous lier ensemble. Il vous appréciera comme S... et les autres, c'est un de mes plus ardents désirs.

Adieu, pauvre chère enfant, je vous l'ai dit mille fois et je vous le répète ; quoiqu'il arrive, vous êtes ce que j'ai aimé, ce que j'aime et aimerai le plus en ce monde. Je ne me croyais pas capable de ressentir une affection si profonde. Vous êtes ma famille, mon enfant, mon *ami*. Je ne mets pas d'*e* au mot, car jamais homme ne m'inspira une confiance plus absolue et plus grave ; c'est que vous avez un caractère si ferme et si résolu ! Je ne finirais pas, tant j'ai de choses à vous dire, mais je n'y vois plus.

Adieu, mon cher et bon enfant. J'ai reçu une lettre de L. B... à votre sujet ; donnez-moi son adresse à Londres que je lui réponde.

Tout à vous de cœur.

EUGÈNE SUE.

Après avoir terminé cette lettre, Suë s'approcha de sa table et essaya de tracer quelques lignes pour sa sœur, mais un éblouissement le prit, un voile s'étendit sur ses yeux, il ne put écrire que le premier mot ; le soir même son agonie commençait, le surlendemain il expirait ! On peut dire que cette précieuse lettre a été le dernier acte de son existence ; le colonel Charras lui-même m'a attesté la vérité de ces faits.